BELGIË IN OORLOG 26

De militaire begraafplaatsen van W.O.I in Vlaanderen

Michel Vansuyt en Michel Van den Bogaert

Deel 4:

Heuvelland - Mesen - Ploegsteert - Warneton

Uitgeverij De Krijger

INHOUD

A. Heuvelland

Uitgeverij DE KRIJGER
Dorpsstraat 144
9420   Erpe

Tel: 053/ 80.84.49
Fax: 053/ 80.84.53
E-mail : de.krijger@proximedia.be

ISBN90-5868-010-X
WET. DEPOT D/6004/2001/12

INHOUD

Foto omslag: Lancashire Cottage My Cy.

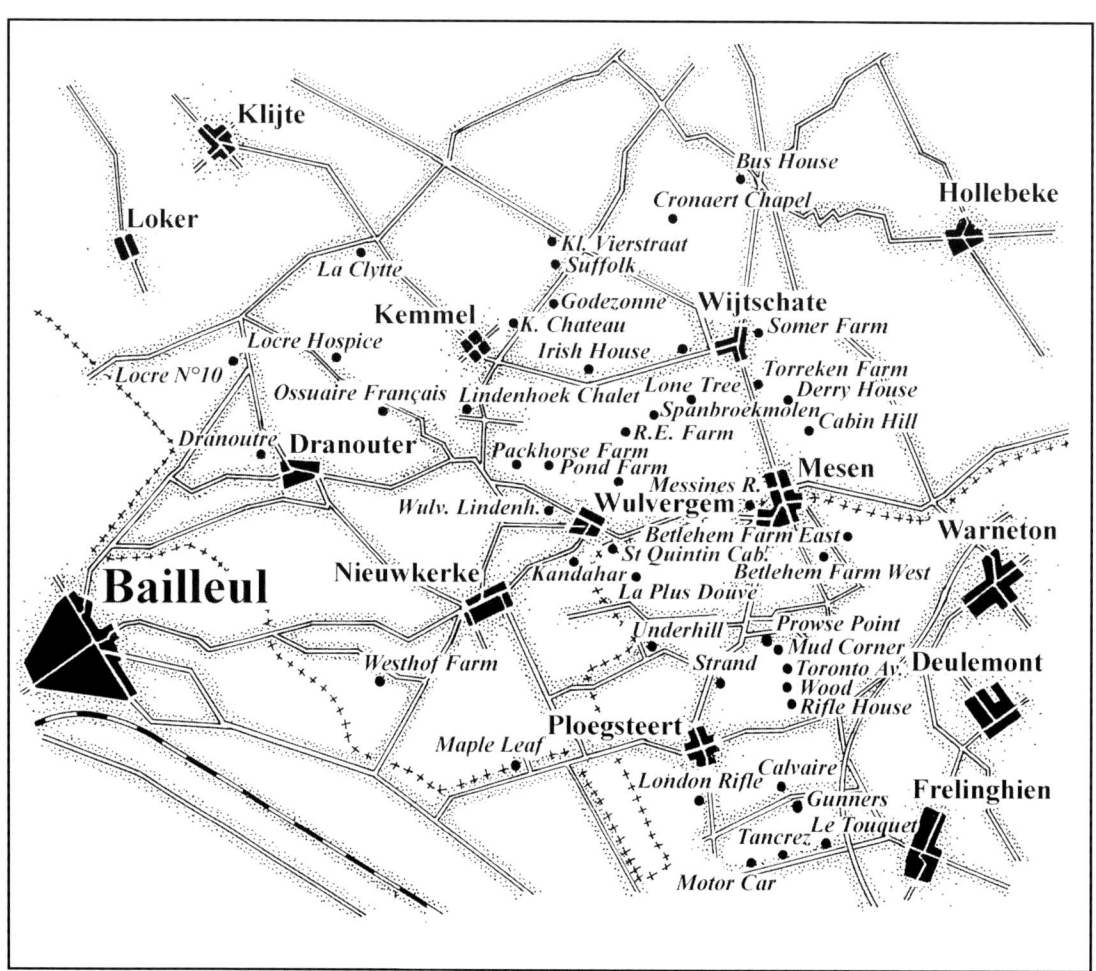

Klijte

Loker

Bus House

Cronaert Chapel

Hollebeke

Kl. Vierstraat
Suffolk

La Clytte

Kemmel

Godezonne
K. Chateau
Irish House

Wijtschate

Somer Farm

Locre Hospice

Locre N°10

Ossuaire Français

Dranoutre

Dranouter

Lindenhoek Chalet

Lone Tree

Torreken Farm
Derry House

Spanbroekmolen
Cabin Hill

R.E. Farm

Packhorse Farm
Pond Farm

Messines R.

Mesen

Wulv. Lindenh.

Wulvergem

Warneton

Betlehem Farm East
St Quintin Cab.

Bailleul

Nieuwkerke

Kandahar

Betlehem Farm West

La Plus Douve

Underhill

Prowse Point

Deulemont

Westhof Farm

Strand

Mud Corner
Toronto Av.
Wood
Rifle House

Maple Leaf

Ploegsteert

Calvaire

Frelinghien

London Rifle

Gunners
Le Touquet

Tancrez

Motor Car

A Heuvelland

Cabin Hill Cemetery, Wijtschate

Deze begraafplaats verkreeg de naam 'Cabin Hill' naar een herdershut die hier destijds gelegen was. Ze ligt in de Waterputstraat, op 50 meter afstand van de baan naar de wijk Gapaard toe en van uit Mesen gemakkelijk te bereiken. Ze ligt dicht bij het slachthuis en de vroegere steenbakkerij, vlakbij Derry House Cy.

Ze werd in gebruik genomen door de 11e divisie in juni 1917 (met de fameuze mijnenslag of slag bij Mesen) en de plaats was een frontlijn-begraafplaats tot in maart 1918. De 42 gesneuvelden uit het Verenigd Koninkrijk kwamen uit de Royal Irish Rifles, Wiltshire, Yorks & Lancashire, Durham Light Infantry regimenten. De 25 Australiërs behoorden tot het 18e of 59e bataljon.

Twee zerkjes vermelden twee namen.

- A voice we loved is stilled.
  Through the cross to the crown.
- The sea divides but memory clings.
  Age 37
- Love and remembrance cling for ever.
  Age 39
- Sans Dieu rien. R.I.P.
  A loving son and brother.

Cabin Hill Cemetery, genoemd naar een oude herdershut.

Cabin Hill Cemetery, Wijtschate

Croonaert Chapel Cemetery, Wijtschate

De mooie vernielde kapel op de Croonaert (een plaatsnaam) werd spijtig niet heropgebouwd. De Britse militaire begraafplaats ligt heel dichtbij. Croonaert lag in No man's land vòòr de mijnenslag van 7 - 14 juni 1917.

Van de 74 gesneuvelden uit het Verenigd Koninkrijk, w.o. 7 onbekenden, behoren er 52 tot de 19^e Divisie.

Er zijn 28 slachtoffers van de 56 Bde : 12 van 7th King's Own, 6 van 7th East Lancashire, 4 van 7th South Lancashire, 6 van 7th Loyal North Lancashire en 20 van de 58^e Bde : 7 van 9th Cheshire, 12 van 9th Royal Welch Fusiliers en 1 van 6th Wiltshire, allen gesneuveld op 7 juni 1917.

Verder zijn er nog 4 graven van de 57^e Bde : 3 van de 10th Worcesters en 1 van de 10th Royal Warwickshire, gesneuveld op 13 juni 1917.

Overige graven zijn 7 van 161 Siege Battery Royal Garrison Artillery (juli - november 1917) , 1 van 7th Royal Inniskilling Fusiliers (7 juni 1917), 2 van 8th Royal Inniskilling Fusiliers (7 juni 1917), 2 van 315 Bde Royal Field Artillery (31 juli 1917), 1 van 180 Siege Battery Royal Garrison Artillery (2 september 1917), 1 van 16 Sherwood Foresters (16 april 1918) en 1 van 10th Queen's (24 februari 1917), 6 van 161 Siege Battery Royal Garrison Artillery (2 september 1917) en 1 van 331st Siege Battery Garrison (2 september 1917)

De jongsten zijn drie negentienjarigen :
- Pte Henry Thomas   A 1
  9th Bn Royal Welch Fusiliers
  7 juni 1917
  Age 19

- Pte Ernest Walls   A 19
  8th Royal Inniskilling Fusiliers
  7 juni 1917
  Age 19

- Pte Albert Woodland   A 15
  9th Bn Cheshire Regt.
  7 juni 1917
  Age 19

-De oudste is:
- Private James Cooper   A 13
  9th Bn Royal Welch Fusiliers
  7 juni 1917
  Age 40

-2nd Lt Frank Gadson
 9 th Bn Cheshire Regt.
 7 juni 1917
  Age 22
Gadson is de enige officier die hier begraven werd.

- Chang Chi Hsuen
  Chinese Labour Corps (C.L.C)
  23 januari 1919.

Chinese Labour Corps

-Sorrow endureth the night
 but joy cometh in the morning.
 Age 21.

Croonaert Chapel Cemetery, Wijtschate

"Collective graves" op Derry House Cemetery no. 2 in Wijtschate

Derry House Cemetery no. 2 , Wijtschate

Derry House Cemetery no. 2 (no. 1 werd later ontruimd), ligt dicht bij Torreken Farm Cemetery en werd in juni 1917 begonnen door de 32^e brigade van de 11^e divisie, bij de mijnenslag 'Magnum Opus' van 7 - 14 juni. Er liggen hier 16 man begraven van de Royal Irish Rifles, die Wijtschate op 7 juni innamen. Het was een eerstelijns begraafplaats tot december 1917 en werd in oktober 1918 opnieuw in gebruikt genomen door de 2^e London Scottish.

Van de 163 begravenen zijn er 126 van het Verenigd Koninkrijk en 37 Australiërs (waarvan 47^e Bn 29, 46^e : 2, 52^e : 1, 57^e : 2, 59^e : 1, en 2 van het Light Trench Mortar - lichte loopgraafmortier)

Private Walter James Missingham (17) - die diende onder de naam Soutar bij het 47e Bn Australische divisie sneuvelde op 12 augustus 1917. Hij ligt begraven in II - C - 5.
Zijn grafschrift luidt:

> IN MEMORY OF MY ONLY SON
> A BETTER SON NEVER LIVED.

Private Frank William Frost van het 11^e Bn Royal Warwickshire was 18 (22 juli 1917)
I - A - 15

Twee onder hen werden 37 :

-Pte George Harry Hallam   I - B - 21
  10th Bn York and Lancaster Regiment
  19 juli 1917
en
- Pte J. Robertson   II – E – 8
  2nd Bn Royal Scots Fusiliers
  16 september 1917

De hoogste officier in rang is een kapitein van het medische corps:
- Captain Wilfrid Thomas Chaning - Pearce
                              II - F 1 - 8
  18th Bn King's Liverpool Regiment
  1 oktober 1917
  Age 32
Verder nog drie luitenanten.

Graf 1 - B - 5 vermeldt :
Rifleman H. Lewis (26 juni 1917) en
Rifleman Jack Baker (26 juni 1917)
van het 10th Bn Royal Irish Rifles.

Graf 1 - A - 15 bevat de resten van private George Booth (22 juni 1917) van de Royal Warwickshire en herinnert tevens aan zijn broer private Thomas Booth van het West Jackshire Regiment, die vermist werd op 22 april 1918.

Er zijn twee graven met twee namen en twee graven met drie namen voor Royal Irish Rifles, London Scottish en Gordon Highlanders – men. Dit noemt men "collective graves".

- No sorrow more severe Age 26
- He fought and fell and died for us. What can we call him but a hero.
- The Lord's will be done.
- For one we loved no longer nigh in God's own keeping safely lie.
- His the glory ours the pride and pain.

Achteraan de begraafplaats bevindt zich een kleine Duitse bunker.

Dranoutre Military Cemetery, Dranouter

De Britse 1e cavalerie divisie bezette het dorp op 14 oktober 1914. Op 25 april 1918 werd het na harde tegenstand van de 154e Franse divisie door de Duitsers ingenomen, maar vier maanden later met het eindoffensief werd het op 30 augustus 1918 heroverd door de 30e divisie.

De kleine Duitse bunker achteraan Derry House Cemetery no. 2 in Wijtschate

Er werden graven aangelegd van juli 1915 tot maart 1918, perk 3 in september, oktober 1918 en perk 2, rij K in 1923 met 19 graven uit het nabijgelegen burgerlijk kerkhof. Thans rusten hier soldaten uit het Verenigd Koninkrijk (421), Canada (19), Australië (16) en Nieuw-Zeeland (1) w.o. 3 onbekenden. Eveneens één YMCA lid uit Australië.

- Rev. T. G. Trueman   I - K - 16
  22 maart 1918
  Age 30

Tevens ligt hier één Duitser, Hans Held uit het Bayerische 23e Infanterieregiment en gestorven op 7 juni 1917.

Negen onder hen werden 19 jaar, maar er zijn 7 achttienjarigen :

Dranoutre Military Cemetery in Dranouter

- 2nd Lt Edward Cramer - Roberts I - B - 18
  2nd Bn The Buffs
  10 augustus 1915

-Pte Alfred Woollam I - D - 14
  1st Bn The North Staffordshire
  30 april 1916

- Pte William Kingsmill II - F - 2
  1st Bn the North Staffordshire
  30 juni 1917
  Age 49
Kingsmill is de oudste hier

- Pte Albert Mc. Guillan I – A - 6
  P.P.C.L.I. (Eastern Ontario Regt)
McGuillan diende onder de naam Dan MacLean

- Pte Frederick Broadrick II - J - 21
  11th Royal Warwickshire Regt

1 augustus 1917
"shot at dawn"

Private Federick Broadrick was al eerder aan het executiepeleton ontsnapt toen hij deserteerde. Wanneer zijn Regiment op rust was in Loker, ging hij echter voor de tweede maal op de loop. In Calais werd hij gesnapt en de krijgsraad had niet veel tijd nodig om ditmaal een effectief doodsvonnis uit te spreken. Het werd een maand later, op 1 augustus toen zijn Regiment terug aan het front was, in Dranouter uitgevoerd.

- Sergeant E. Seymour (40) (I – G - 13) leefde in London. Hij was vader van acht kinderen en hij meldde zich vrijwillig begin 1916. Hij werd ingelijfd in het 11th Labour Bn bij de Royal Engineers. Op 19 juli 1916 was hij een aanvoerlijn naar de loopgraven aan het herstellen toen hij dodelijk getroffen werd door een inslaande Duitse granaat. De auteur begeleidde zijn kleindochter Rita Barry bij haar (eerste en wellicht enige) bezoek aan het graf, op 1 september 2000.

De Commonwealth War Graves Commission plantte begin 2000 een nieuwe plant "Nandina Domestica" (valse bamboe) als test.

-Love another as I have loved you.
  Age 40
-Awaiting the grand reveille.
  Age 20

Dranoutre Churchyard, Dranouter

Op het burgerlijk kerkhof van Dranouter liggen 79 soldaten, waaronder 2 onbekenden, uit het Verenigd Koninkrijk begraven tussen oktober 1914 en juli 1915. In 1923 werden 19 graven (perken 1,4 en 5 en gedeeltelijk perk 3) overgebracht naar het nabijgelegen Dranouter Cemetery om plaats te maken voor de nieuwe kerk.

Perk II vooraan bestaat uit twee rijen A en B met elk vierentwintig graven.
Cpl J. Duffy (18) in II – B – 4 van het Dorsetshire Regiment is de jongste – overlijdensdatum 20 februari 1915. Vooraan links telt het perk III veertien graven.

Perk VI met zeventien graven achter mekaar is een lange rij langs de haag aan de straatzijde, met meestal officieren. De oudste – en de hoogste in rang – is Lt –Colonel J.W. Jessop (55) (VI – 5) van het Lincolnshire Regt.) – 4 juni 1915 – het vijfde graf.

- Pte Albert Filler   VI – 11
  East Surrey Regiment
  19 juli 1915
  Age 26
Filler diende onder de naam A. Adams

Als officieren liggen hier begraven : zes 2nd lt, elf lt, vijf captains, w.o. Cpt William Landon (47) – als tweede oudste – van het 3rd Bn Suffolk Regt. – 15 februari 1915 in II – B – 4, en bovenvermelde luitenant – kolonel. De gesneuvelden kwamen uit verschillende regimenten. (zie de emblemen)

Bedfordshire, Royal Engineers, King's Own Yorkshire Light Infantry, Cheshire, Norfolk, Queen Victoria's Rifles, King's Own Scottish Borderers, Royal West Kent, Dorsetshire, Royal Lancaster, York and Lancaster, Monmoutshire, Welch, Royal Field Artillery, Northumberland Fusiliers, East Kent Regt. (The Buff), East Surrey, East Yorkshire Middlesex, 4th Dragoon Guards, Suffolk, Devonshire en Duke Of Wellington's Regiment.

- Sleep on, beloved, sleep, only good-night not farewell.

Godezonne Farm Cemetery, Kemmel

De begraafplaats werd aangelegd in de tuin van de Godezonne hofstede in februari 1915 door de 2nd Royal Scots en de 4th Middlesex. Er zijn 79 graven en 31 begravenen zijn onbekend, waaronder 1 Australische soldaat, 1 Welch regt , 2 Notts & Derby regts, 1 Royal Scots, 2 Gordon Highland, 2 West Yorkshire, 5 King's Own Yorkshire en 1 Yorkshire regiment soldaat. De overige 16 zijn 'unnamed': men weet niet tot welk regiment ze behoorden. Onder de bekenden is een 22-jarige Jood uit Canada, een kapitein, een second lieutenant en drie luitenanten.

-Een epitaaf luidt:
            DEATH WHILE ATTENDING
                THE WOUNDED
    (gedood bij het verzorgen van gewonden)

- Until we meet. Your sorrowing mother.
  Age 31.

Godezonne Farm Cemetery in Kemmel

Irish House Cemetery, Kemmel

Deze begraafplaats werd aangelegd in juni 1917 (na de mijnenslag "Magnum Opus") door de 16ᵉ Ierse divisie en met tussenperiodes nog gebruikt tot in september 1918. De hofstede op 90 m. westelijk werd door hen "Irish House" genaamd.

Hier liggen in totaal 117 gesneuvelden Verenigd Koninkrijk 103 (waarvan 40 onbekend zijn) en 14 Australiërs. Het aantal onbekenden is dus bijna 1/3. De leeftijd varieert van 18 tot 41 jaar. Eén Australiër is niet gekend bij naam. Het zerkje langs de muur links vermeldt. "Known to be buried In this cemetery".

- Pte H. Murray   AA-2
  King's Shropshire L.I.
  3 september 1918
  Age 18

- Pte G.W. Guest   A – 28
  S. Staffordshire Regt.
  9 juni 1917
  Age 41

-Als officieren zijn er twee tweede-luitenanten en twee luitenanten

- Lt James Gordon Mc William   A – 30
  1st Bn Gordon Highlanders
  14 december 1914
  Age19

Onder één zerk in de laatste rij liggen vier Duitse onbekende soldaten.

In rij A - graven 30/32 werden 33 Gordon Highlanders van de 3ᵉ divisie in een massagraf begraven. Zij sneuvelden allen op 14 december 1914 in een tevergeefse poging om via Mae-

Irish House Cemetery, in Kemmel bij een dreigende hemel.

Gordon Highlanders

delstede farm (die een versterkte Duitse stelling was) en Petit-Bois, de Wijtschaatse dorpplaats te heroveren. Hun stoffelijke resten werden in No Man's land gevonden door de 11th Bn Royal Irish Rifles. Drie onder hen werden geïdentificeerd als: Lt W.R.F. Dobie (A 30), Lt J.J.J. Mac William (A 30) en Sjt A. McKinley (A 32) - 19 j.
Op de laatste steen in rij A staat:

THIRTY UNKNOWN
GORDON HIGHLANDERS
OF THE GREAT WAR

Op de grafzerk van Lce Cpl J. Scott van het Border Regiment (7 juni 1917 - 32 j.) wordt ook zijn vermiste broer W. Scott - van het-zelfde regiment - vermeld. Hun vader werd maarschalk.

- He died as heroes die, the battle fought,
  the laurel's won. Age 23
- Duty called. He answered.

Kandahar Farm Cemetery, Nieuwkerke
Kandahar Farm ligt dicht bij Wulvergem en de Britse eerste frontlijn liep van de herfst 1914 tot de zomer 1917 (met de inname van Mesen op 7 juni 1917) een weinig oostelijk van dit dorp. De naam "Kandahar" komt van een plaats in Afghanistan waar vroeger Britse troepen gelegerd waren.

Kandahar Farm werd door de Britten bezet van november 1914 tot april 1918 en dan opnieuw in september en oktober.

Kandahar Farm Cemetery, Nieuwkerke

Hier rusten 207 en 11 (onbekende) soldaten en officieren van het Verenigd Koninkrijk - waaronder veel van de 14th (Light) Division, 186 uit Australië, 33 uit Nieuw-Zeeland en 6 uit Canada en ook drie Duitse soldaten (G. Begler in I - A - 13), Willy Fischer (in I - B - 1) en Petzult (in II - AA - 38)

Er zijn veel officieren - vooral Australiërs - onder de slachtoffers: één majoor, zeven kapiteins, elf tweede luitenanten en twaalf luitenanten.

De officiële doodsoorzaak van kapitein J.H. Primmer op 12 juni 1917 (32) van het N.Z. Field Artillery is wel uitzonderlijk: *died struck by lightning* (of: de pechvogel werd getroffen door een blikseminslag)   II - D - 25

Op de grafzerk van de 33-jarige Pte Charles Watkin Cowen (II–C - 5) kunnen wij lezen, dat hij vader van vijf kinderen was en op dit van de 20-jarige Gunner James Alexander Cormack (II - C - 7) dat hij enige zoon was.

- His manhood faultless
  his honor clean.
  Age 23
- His actions speak, his voice is still
  Forget him no we never will.
  Age 24
- Not born for a soldier.
  Yet what he did, he did well. R.I.P.
  Age 34

Kemmel Chateau Military Cemetery, Kemmel

Deze begraafplaats werd genoemd naar het nabijgelegen verwoeste kasteel van de familie Geelhand de Merxem. Ze werd begonnen in december 1914 en gebruikt tot maart 1918. De plaats viel in Duitse handen in april 1918, werd heroverd en verder gebruikt tot oktober. Ze bestaat uit één perk met zestien rijen graven van A tot en met O. - (geen I) - Y en X. Ze bevat volgend aantal begravenen: 1030 uit het Verenigd Koninkrijk - met 21 onbekenden, 80 uit Canada, 24 uit Australië waaronder 1 onbekende (B - 43) en één uit Nieuw - Zeeland

Perk P (laatste rij links langs de haag) telt 21 Britse gesneuvelden van mei 1940, waaronder 3 onbekenden. Een Franse moslim eveneens uit de 2ᵉ W.O. is Larbi Brahim Ould. Datum van overlijden is onbekend. Er liggen hier veel officieren begraven.

Sherwood Forresters

Kemmel Chateau Military Cemetery. Zesentwintig oude populieren en vier linden werden in het voorjaar van 2000 door de C.W.G.C. van het kerkhof verwijderd.

In rij E zijn 66 van de 95 graven ingenomen door Sherwood Foresters, voornamelijk van de 1/8th Bn die sneuvelden van april - mei 1915. In rij N behoren 58 op 83 tot Ierse regimenten In rij K liggen vooral Canadezen begraven, evenals acht in rij E. Graf E - 21 is dit van private A. Darrock (17) van het 2ᵉ bataljon Royal Scots, die in actie sneuvelde op 21 april 1915.

Op 12 maart 1915 was er een hevig gevecht rond Spanbroekmolen waarbij het VC verdiend werd door de 22-jarige luitenant William Hamilton Clarke (X - 13) van de "A" compagnie van het 3ᵉ Worcesters.

Kapitein James Patrick Roche (29) (X-78) van de 47ᵉ Trench Mortar Bty Royal Field Artillery was één van de vele ongelukkigen van 7 juni 1917. Hij verdiende het MC (military cross). Afkomstig uit Kerry (Ierland) is zijn grafschrift in het Keltisch :

AN ROISTEAR FLAITEAMAIL

- Lt Col Guy Louis Busson du Maurier (49), die het DSO. (Distinguished Service Order) bekwam, was de bevelhebber van het 3ᵉ bataljon Royal Fusiliers, toen hij sneuvelde op 9 maart 1915. Hij was de oom van schrijfster Daphne du Maurier.

Samen met Lt Col Edward MacMahon - eveneens 49 - is hij de oudste hier (L - 4).

-De zoon van de graaf van Juellinge uit Lolland (Denemarken) ligt begraven op locatie K 59. Pte Ove Kirag Juel Vind Frijs (25) (15 november 1915) diende in het 28ᵉ Bn Canadese Infantry - Saskatchewan regiment. De familie liet een grafschrift in het Deens aanbrengen.

NU LUKKER SIG MIT ØJE
GUD FADER I DET HØGE,
VARETAEGT MIG TAG
(Nu gaan mijn ogen dicht)
(God in den hoge,)
(wees mijn behoeder)

-Lt Pierce Michael Joseph Power (28) van het medische corps in het Wiltshire regiment werd op 2 maart 1915 hier dichtbij dodelijk getroffen wanneer hij een gewonde makker aan het verzorgen was. (G - 31)

- Captain C.D. O'Brien Butler, MC   X - 74
  Royal Irish Regiment
  7 juni 1917
O'Brien Butler sneuvelde aan Maedelstede Farm (thans forelvisserij Oosthoeve). Twee dagen voordien schreef hij in een brief aan zijn moeder, dat zij binnenkort in een nieuw offensief "over de top" zouden moeten ", dat alle soldaten goed getraind en in vorm waren, en dat hij over twee weken in verlof zou komen.

-De "sapper" (tunneldelver) van het 225th Field Coy Royal Engineers die sneuvelde op 15 oktober 1917 en begraven ligt in O – 1 heeft een gekende familienaam : Blair

- Private Stanley Stewart van de 2nd Royal Scots Fusiliers en Private James C. Smith van de 17th (1st Liverpool Pals) King's werden voor desertie terechtgesteld.

De 21 jarige Stewart was in november 1914 aan het hoofd gewond geraakt en was met een "shell shock" naar huis gestuurd voor herstel. Hij verbleef een aantal jaren in een tehuis voor zwakzinnigen vooraleer hij terug naar het front gestuurd werd waar hij in juli 1917 deserteerde. Terug opgepakt werd zijn kwartier door de Duitse artillerie beschoten en hij maakte van de gelegenheid gebruik om de benen te nemen. Hij werd weer ingerekend en kon ondanks zijn labiele geestelijke toestand op geen genade rekenen. Op 29 augustus 1917 kwam hij voor het vuurpeleton. Hij werd begraven in locatie G - 66.

De 26-jarige James C. Smith was een veteraan van Gallipoli en was sinds mei 1917 met zijn Regiment aan het Westelijk front ingezet. Nadat hij deserteerde kwam hij op 22 augustus 1917 voor de krijgsraad op beschuldiging van desertie en weigeren van orders. De executie werd 5 september uitgevoerd in Kemmel en Smith werd in locatie M - 25 begraven. Hij was de zevende en laatste van het 17 King's Liverpool Regiment om terechtgesteld te worden.

- Op zaterdagmorgen 10 juni 1916 deed zich in de onmiddellijke nabijheid waar zich thans de twee mijnkraters van Petit-Bois bevinden, iets onverwacht voor. Toen de Duitsers 2 krachtige ladingen lieten ontploffen stortte de hoofdgalerij over 75 meter in. Twaalf "Sappers" van de Britse 250ᵉ Tunnelling Company geraakten op een diepte van 30 meter ingesloten in een gang van nauwelijks 1.3 meter hoog en 1.3 meter breed. Ze begonnen wanhopig te graven en kregen af en toe wat frisse lucht via een afgeknapte luchtpijp. Sapper Bendson uit Cumberland, een ervaren mijnwerker uit de "White Heaven Collieries", gaf zijn makkers de raad zich te verspreiden en geeft zelf het voorbeeld door aan de andere kant van de galerij plat op de grond te gaan liggen.

Boven waren de mannen van 2nd Lieutenant Haydn Rees druk in de weer om de ongelukkigen uit te graven. Maar na vier dagen gaen ze de moed op en lieten twaalf graven aanleggen. Op vrijdagmorgen 17 juni bereikten ze de oude tunnel en haalden elf stoffelijke resten boven. Maar s' middags troffen ze tot hun verbazing Bedson zittend aan, die hen verwelkomt met : *"It's been a long shift, for God's sake give me a drink"* (Het was een lange werkdag, geef mij verdorie iets te drinken)

Bedson werd naar huis gestuurd om op verhaal te komen en kreeg een job op een depot aangeboden, wat hij weigerde en keerde naar zijn eenheid terug. De elf "tunnellers" die omkwamen werden naast melkaar begraven in rij D. William Culshaw (38) in graf 12, Adam Graham (41) in 11, George Grant in 19, Robert Kelly in 10, Herbert Lambert (40) in 20, George Quayle (32) in 15, James Smith (25) in 14, William Thomas (25) in 16, William Vowles in 13, Joseph Wood in 19 en Adam Wright in graf 18.

-Er zijn 49 negentienjarigen, 29 achttienjarigen en 11 zeventienjarigen.

- Pte Harold Hodsden   J - 57
  2ᵉ Bn Royal Lancaster regiment
  26 juni 1915
  Age 17
Harold Hodsden kwam uit Massachusets V.S. en nam onder de naam Duggan dienst toen zijn land nog niet in oorlog was.

- Pte William John Styan   N - 27
  4ᵉ Bn Royal Fusiliers
  20 mei 1916
  Age 17
Styan meldde zich als zestienjarige vrijwilliger bij de Royal Navy en werd zwaar gekwetst in maart 1915. In juni 1915 werd hij -na revalidatie- overgeplaatst naar de Royal Fusiliers.

- Pte John C. McCulloch   H - 66
  3ᵉ Bn Royal Fusiliers
  10 maart 1915
  Age 16

- Pte Reginald Wilson   F - 71
  1ᵉ Bn Devonshire Regt.
  3 april 1915
  Age 15

- Lt Col Edward MacMahon, DSO   H - 38
  Royal Garrison Artillery
  24 juni 1917
  Age 49
MacMahon sneuvelde in actie langs de Menensteenweg. (De baan naar Ieper toe was Sackville street)

- Fight the good fight with all thy might.
-Sleep on dear son in a far-off land
  we shall remember thee.
-He rests from his labour.
-Farewell to our faithful brother.
  who for our sakes his life he gave.
-For his soul pleased the Lord.

Kemmel no. 1 French Cemetery, Kemmel
De oorsprong van "Kemmel no. 1 French - gelegen langs de baan van Vierstraat (dichtbij Vierstraat – My Cy) naar Hallebast (die in de middeleeuwen een heerlijkheid was) is onbekend.

De Franse graven (vandaar de naam) die werden aangebracht na de Wapenstilstand werden overgebracht naar de "Ossuaire" op de flank van de Kemmelberg of naar de Franse begraafplaats St. Charles-de Potijze.

De Britse gesneuvelden kwamen van de omliggende velden uit diverse acties. De Belgische staat begroef er later ook 5 bekenden en 89 onbekende Duitse gesneuvelden .

Kemmel no. 1 French Cemetery, Kemmel

Het aantal onbekenden is bijna 10 maal méér dan de geïdentificeerden (!);

Verenigd Koninkrijk : 31+247 onbekenden
Australië : 3+9 onbekenden
Canada : 1+2 onbekenden
Nieuw - Zeeland : 1+2 onbekenden
Duitsers: 5+89 onbekenden
(aantal in massagraf A
  niet zeker bepaald) _____
  40 + 349

- Rifleman Harold James Garman I - B - 15
  8ᵉ Bn King's Royal Rifle Corps
  30 juli 1915
  Age 19
Garman is onder de bekenden de jongste

- Pte Richard Sawdon I - H - 15
  "Y" Coy 8th Bn Northumberland Fusiliers
  28 mei 1917
  Age 41
Richard Sawdon is hier de oudste

Kemmel burgerlijk kerkhof
In totaal vijfentwintig "headstones" werden hier aangebracht om het graf van soldaten uit het Verenigd Koninkrijk te localiseren.

De graven zijn niet allen gegroepeerd : éénentwintig bevinden zich achteraan in het kerkhof langs de Reningelststraat, waaronder dertien gekenden. Van één weet men niet tot welk regiment hij behoorde. Drie 1st Gordons werden hier begraven en niet bij hun makkers die samen met hen sneuvelden in de mislukte poging tot herovering van Wijtschate dorp op 14 december 1914 en die begraven werden in Irish House Cy.

- Major G. Humphries (41) diende in het "Indian Army", meer bepaald in het 127ᵉ ingedeeld in het 129ᵉ Baluchis en sneuvelde voor Hollebeke in de verdediging van Wijtschate op 30 oktober 1914.

Tussen de drie graven aan de oostkant, langs de haag, is special memorial 14 dit van Lt Percy Dale (24) van de King's Liverpool Regiment. Deze internationale voetbalspeler sneuvelde op 25 januari 1915. Graf 25 ligt enkele meters naar links tussen burgerlijke graven.

-There's a link death cannot sever.
 Love and remembrance last for ever.
 May he rest in peace.

Klein Vierstraat British Cemetery, Kemmel

Aan de Vierstraat (De Britten noemden het ook wel eens "cross-roads) langs de baan naar Poperinge lag de herberg "Kleine Vierstraat" en dichtbij begon het Britse leger een begraafplaats aan te leggen in januari 1917. Perken 1 en 3 werden gemaakt door veldambulances en fronteenheden tot midden januari 1918. Perk 4 werd begonnen in april 1918. Onder de 437 graven waren er 188 officieren of soldaten van artillerie-eenheden. Na de wapenstilstand werden 365 graven bijgebracht in perk 1 - rij H en in perken 4 tot 7 van twee kleine begraafplaatsen (op de baan van Poperinge naar Westouter en op de Vidaigneberg) en stoffelijke resten van slachtoffers van de gevechten te Dikkebus, Loker en Kemmel.

-Verenigd Koninkrijk : 670 + 108 onbekenden
$$= 778$$
- Australië   =   8
- Canada   =   8 (7 + 1 onbekende)
- Nieuw-Zeeland =   7

Het graf van Lu Jun Chien in locatie IV-G-1 op het Klein Vierstraat British Cemetery in Kemmel

- Zuid-Afrika   =   1

Dit maakt een totaal uit van 693 plus 109 = 802

- Lu Jun Chien van het Chinese Labour Corps stierf op 3 maart 1919   IV - G - 1

Op de grafzerk van bombardier Harold Foster (20) van de Royal Field Artillery (1 juni 1917) wordt ook zijn broer pte F.O. Foster (19) van het King's Own Yorkshire Light Infantry, die als vermist werd opgegeven op 21 maart 1918 vermeld.   II - A - 1

De moeder van pte J.J. Austerberry van het 7[e] Bn Lincolnshire Regiment Labour Corps gaf na de oorlog haar villa in Castleford, Yorks de naam "Vierstraat" om haar gevallen zoon te herdenken.   II - B - 11

De enige Zuid-Afrikaan die hier begraven ligt, kwam uit Johannesburg. Sergeant James Forbes (20) van het 4[e] Regt South African Infantry stierf aan zijn verwondingen - voor Mesen opgelopen - op 18 april 1918.   IV - B - 4

Er zijn 35 negentienjarigen, 15 achttienjarigen maar de jongste was 17 :

- Lance Corporal Harry Browne   V - D - 11
  10th Bn Argyll and Sutherland Highlanders
  24 april 1918
  Age 50

- He was cut down like a flower in full bloom.
  His bright spirit is with us still.
  Age 19
- Gone to hear the Master's "well done".
  Age 24
- Rest eternal grant him after weary fight.
  Age 21
-Five times he offered to his country's call on
  duty under shell fire before he did fall.
  Age 30

La Clytte Military Cemetery, De Klijte

In de Klijte waren er gedurende W.O.I Britse brigadehoofdkwartieren gevestigd. De eerste graven werden reeds aangelegd op 1 november 1914 en zo tot april 1918 de perken 1,2,3 en gedeeltelijk 4.

Perk 4 werd vervolledigd na de Wapenstilstand, waarna perken 5 en 6 aparte graven waren van kleine begraafplaatsen gelegen rond Reningelst, Dikkebus, Loker en Kemmel en dit voor 457 in totaal, waaronder 230 onbekenden.

Hier liggen nu begraven soldaten en officieren uit het Verenigd Koninkrijk (769), Canada (51), Australië (12), British West Indies (7), Zuid-Afrika (6) en Nieuw-Zeeland (3), daarnaast 234 die niet konden geïdentificeerd worden of wiens nationaliteit niet kon vastgesteld worden. 250 van de 1082 gevallenen waren in de artillerie - 66 anderen behoorden tot de Engineers.

Hier vinden we de typische voorbeelden van de "memorials" door Rudyard Kipling ontworpen (23 in totaal en 1 maal : 'Believed to be buried in this cemetery)

- Rev. Charles G.C. Meister (MC) IV - E - 1

    Chaplain to the Forces 4th Class
    18th April 1918 - Age 36
    Priest Old St. Paul's Edinburgh

-Pte Louis Heilbronn (33)   IV - F - 4
  Cheshire Regt.
  4th September 1918
Bemerk de Joodse Davidster)

- Pte Philip Herbert Geernaert   IV - F - 2
  Machine Gun Corps (Inf.)
  27th April 1918
  Age 19

Het graf van Pte Lumber of Pte Noyce in VI-C-15 op La Clytte Military Cemetery in De Klijte

- Cpt. & Adj. Talbert Stevenson   IV - A - 2
  MC and bar (dubbele Military Cross)
  The Black Watch
  14th November 1917
  Age 22

-Major A.C. Stephen   IV – B - 3
  "D" battery, 22nd Army Brigade,
  Royal Field Artillery
  14 maart 1918
  Age 26
  Stephen was houder van het *Croix de Guerre*
  met palm (1917) en Military Cross, publiceerde
  drie werken «Four plays», «stories burlesques»,
  "letters from Hermes" en " An Australian in
  the R.A.F."

-Shoeing Smith Jonas Curd   V - D - 2
  Royal Field Artillery
  19th April 1918 - Age 37
  Curd was hoefsmid bij de veldartillerie.

-The Rev. B.P. Plumptre MA-MC II - F - 36
  Chaplain to the Forces - 4th Class
  16th July 1917.
  Age 34

- Second Lt A. K. Chaytoc   I - A - 12
  Worcestershire Regiment
  26th May 1915.
  Age 24
epitaaf :

QUI PROCUL HUNC
QUI ANTE DIEM PERIIT
SED MILES SED PRO PATRIA

(die nu verheven wordt, die te vroeg is heenge-
gaan, maar als militair niet tevergeefs voor het
vaderland)

also in memory of
- Pte A.T. Mitchell
  Royal Sussex Regt.

La Laiterie Military Cemetery in Kemmel

30th June 1916.
  Age 20
(Beide broers dienden in het zelfde regiment en werden geen 21)

- 2nd Lt Arthur Frederic Wellesley Greeves.
                                                    III -A - 9
  8th Bn N. Staffordshire Regt.
  20th September 1917
  Age 26
also in memory of his younger brother.
- 2nd Lt J. Wellesley Greeves
  killed 1st July 1917
  Age 25
Beide broers sneuvelden in nog geen drie maanden tijd. Dit gegeven is uniek en komt slechts éénmaal voor in de Ieperboog

To the memory of
  Pte William Lumber (24)   II - C - 15
        and
  Pte H. Noyce
  Hampshire Regt.
  30th June 1918
        One of whom is buried in this grave
(Het is niet bekend wie van beiden hier rust !)

Lieutenant William Knowles Tyldesley (30) van de Loyal North Lancashire Regiment sneuvelde in de Kemmelslag op 26 april 1918.
Hij was in het Lancashire een zeer gekende cricketspeler.   IV - B - 37

-Op 19 september 1917 werd private Leonard Mitchell van de 8th York and Lancasters terechtgesteld wegens desertie. Mitchell was al eerder opgepakt voor desertie en wachtte niet op de uitspraak van de krijgsraad. Hij vluchtte opnieuw maar werd opgepakt en in De Klijte geëxecuteerd. Hij ligt begraven in III - A - 2.

- Dulce et decorum est pro patria mori
- Pro Aris et Focis (= voor Outer en Heerd)
- He was the bravest man we had. His captain.

  Age 22
- Oft times when I am all alone and there is no one near I think of you dear husband and shed a silent tear.
  Age 38
- A life well spent though short.
  Age 21
- He freely gave his life for home and country.
  Age 22
- A day of remembrance sad to recall.
  of dear one loved by us all.
  Age 28

La Laiterie Military Cemetery, Kemmel
"La laiterie" is gelegen langs de York Road (met verwijzing naar de toen nabijgelegen melkerij) en werd begonnen in november 1914 en tot oktober 1918 door diverse eenheden die deze sector van het front hielden gebruikt.

Op 25 april 1918 namen Duitse troepen de plaats in, maar moesten het in september terug afgeven. In perken 2, 3 en 10 rusten vooral Canadezen van het 26e, 25e en 24e Infanteriebataljon en in perk 8 zijn alle graven - uitgenomen één - dit van 5th Northumberland Fusiliers. Na de Wapenstilstand werden 203 graven hier "geconcentreerd" van de slagvelden noord en noordoost van Kemmel.

De definitieve uitbouw van deze begraafplaats bevat de stoffelijke resten van :
468: Verenigd Koninkrijk waaronder 92 onbekenden
197: Canada waaronder 7 onbekenden
7: Australië waaronder 4 onbekenden
1: Newfoundland.
en bovendien nog 78 die niet konden geïdentificeerd worden.

Onder de "jonger dan 20 " zijn er 28 negentienjarigen, 16 achttienjarigen, 3 zeventienjarigen en 2 zestienjarigen.

La Laiterie Military Cemetery in Kemmel

-Pte S. Collins   II - C - 19
  26th Bn Canadian Inf.
  New Brunswick Regt.
  26 maart 1916
  Age 17

- Pte R. H. Driscoll   X - C - 11
  24 th Bn Canadian Inf.
  29 december 1915
  Age 17

- Pte John Harold Ross   III - D - 12
  4th Bn East Yorkshire Regiment
  30 juli 1916
  Age 17

- Lce Cpl D. Hayes   VII - A - 17
  "A" Coy 9th Bn Royal Dublin Fusiliers
  31 mei 1917
  Age 16

-Pte Stanley Clifford Lockwood (16) - 1st Bn
East Surrey Regt   I - B - 24
24 maart 1915

- Pte T. Towey   IX - A - 11
  King's Liverpool Regiment
  25 april 1916
  Age 56
Towey kwam uit Liverpool

- Graf van New Foundlander met "emblem" of
regimentsteken: de kop van de Caribou - onbekend - in perk VII - rij D (13ᵉ graf)

-Pte Joseph T. Hickey van het 24th Bn Canadian Inf. (Quebec Regt.) diende onder de naam
Smyth (15 - 11 - 1915)
zie het embleem van Canada: de esdoorn of
"maple leaf"   X - C - 15

Als epitaaf koos de familie:

OUR LOSS WAS GOD'S GAIN

- Pte Gujar Singh (32) - eveneens van het 24th Bn Canadian Inf. sneuvelde in actie op 19 oktober 1915 en woonde in India (Janbal)

X - D - 5

- Pte James McEnroe (23) sneuvelde in de slag van 7 juni 1917   II - A - 8
Bemerk het mooie regimentsteken van zijn eenheid; het 7th Bn Leinster Regt

Pte Joseph T. Hickey diende onder de naam Smyth. La Laiterie Military Cemetery in Kemmel

-2nd Lt Joël Jacobs   VII - D - 13
  Yorkshire Regt
  20 juli 1916
  Age 21
Jacobs was van Joodse afkomst.

-His motto was by day and night
  Trust in God and do the right
  Age 22
- Sun set and evening star
  and one clear call for me
  Age 37
- Yes we will gather at the river
  Age 18

Lindenhoek Chalet Military Cemetery, Kemmel

De eerste graven werden naast het "chaletje" aangelegd in maart 1915, en vechtende eenheden en veldambulances gingen daarmee door tot oktober 1917. Het werd na de Wapenstil-stand vergroot met 130 graven uit de nabije velden.

-Verenigd Koninkrijk 282, waaronder 65 on-bekenden
-Canada : 15
-Australië : 10, waaronder één onbekende
-Nieuw-Zeeland : 8, waaronder één onbekende. Britse en Dominions bekenden en 67 onbeken-den : 315 in totaal.

Speciale memorials vermelden dat 4 Austra-liërs en 2 uit het Verenigd Koninkrijk veron-dersteld worden onder de onbekenden te zijn. Er liggen hier ook twee Duitse krijgsgevange-nen begraven.

Er zijn dertien negentienjarigen en evenveel achttienjarigen. Twee werden amper zeven-tien:

Lindenhoek Chalet Military Cemetery in Kemmel

- Pte Ernest Samuel Boot   II - H - 3
  1st/ 5th Bn Leincestershire Regt
  15 april 1915

- Sapper Bertram Francis Eaton   II - H - 1
  1st North Midland Field Coy
  19 april 1915

In I - K - 8 rust Rifleman T. Shanahan van het 3e Bn the Rifle Brigade, die met zijn 47 jaar de oudste was. Hij sneuvelde op 17 juni 1916.

Onder de officieren zijn er vier tweede-luitenanten en één kapitein.

De beplanting bestaat uit onder andere meidoornen.

- He went at his country's call
  a bright sunny lad

straight and tall
Age 21

- Until the dawn of a greater day
  good night dear son
  Age 20

Locre Hospice Cemetery, Loker
De begraafplaats werd begonnen door veldambulances en vechtende eenheden in juni 1917 en gebruikt tot april 1918.

Veertien Britten, gesneuveld in W.O. II, werden hier ook begraven.

-Verenigd Koninkrijk - 238, Australië - 2, Canada - 1, Nieuw - Zeeland - 1, British West Indies - 1, Duitsers – 2, waaronder
-12 Unnamed (samen 245)

Locre Hospice Cemetery in Loker. In de verte is op de achtergrond ide kerk van Dranouter te zien.

Er liggen hier twee "shot at dawn":
Private Denis Jetson Blakemore van de 8th North Staffordshires (57th Brigade, 19th (Western) division) deserteerde uit de loopgraven van Wijtschate daags voor de Mijnenslag. Het was zijn tweede desertie. Na 18 dagen werd hij gesnapt in Boulogne in het uniform van het Army Service Corps. Zijn verweer kon hem niet redden en de 28-jarige Blakemore werd in Loker terechtgesteld op 9 juli 1917. Hij ligt begraven in locatie I – A - 22. Zijn eenvoudig grafschrift luidt:

THY WILL BE DONE

De tweede terechtgestelde is Private William Jones van de 9th Royal Welch Fusiliers. Hij begon zijn dienst in juli 1915 als ambulancier op het slagveld bij de 58th Brigade, 19th Division. Jones deserteerde nadat hij een gewonde naar een "Dressing Station" had gebracht maar op 5 juni 1917 gaf hij zichzelf aan in Bristol. Hij vertelde dat hij gewond was geweest en naar Engeland voor herstel was gebracht maar zijn verhaaltje werd snel ontmaskerd. Hij kon bijna twee jaar ongehinderd ondergedoken blijven omdat zijn naam "Jones", zo veel voorkomt in Engeland. (Bij de Royal Welsh Fuseliers alleen al sneuvelden 40 W. Jones in de eerste Wereldoorlog...) Hij werd op 25 oktober 1917 op de Kemmelberg terechtgesteld.   I – C - 4

Twee hogere officieren in dit "cemetery" zijn : Brigadier - General R.C. MacLachlain (45) DSO van de Rifle Brigade, gesneuveld op 11 augustus 1917 toen hij het bevel voerde over de 112ᵉ brigade.   II - C - 9
en

Bataljonscommandant Lieutenant - Colonel R.C. Chestermaster (47) - DSO and bar - die door een scherpschutter neergeschoten werd

Locre no. 10 Cemetery, Loker. Het perk met de Duitse graven.

op 30 augustus 1917. Hij was de bevelvoerder van het 13th Bn King's Royal Rifle Corps sinds maart 1915 en had voordien in de Somme en bij Arras gediend. **II - C - 12**

- Pro patria how can man die better
  Age 22
- Un soldat sans peur
  un homme sans repro_che
  Age 23
- Gone is the face we loved so dear
  Silent the voice we loved to hear
  Age 23
- For his country he did his best.
  Now here he lies for eternal rest
  Age 21
- Constant thoughts keep his memory dear
  Age 21

Locre no. 10 Cemetery, Loker

Locre no. 10 werd oorspronkelijk aangelegd in de lente van 1918 - na de Kemmelslag - door Franse troepen en 248 stoffelijke resten van Franse gesneuvelden werden na de Wapenstilstand verwijderd. Thans zijn er achtenvijftig graven van soldaten uit het Verenigd Koninkrijk (waaronder 14 onbekend) van volgende regimenten :

> 2nd London Scottish
> 2nd Queen's Westminster
> 2nd South Lancashire Regt.

Er is tevens een massagraf van 76 Duitse soldaten, waarvoor negen zerkjes werden geplaatst :

1 - Karl Utecht R.I.R. 10
   21.08.1918
      und sechs unbekannte Deutsche Krieger

2 - Otto Möse Sturmabt 4
   24.08.1918
   - unteroffizier Paul Lemsch   R.I.R. 10
   21.08.1918

3 - 1 unbekannter Krieger
4 - 20 unbekannte Krieger
5 - 3 unbekannte Krieger
6 - 20 unbekannte Krieger
7 - 20 unbekannte Krieger
8 - 1 unbekannte Krieger
9 - 1 unbekannte Krieger

gefallen für Deutschland

De beplanting bestaat uit witte en rode meibomen en taxi's, en van hieruit heeft men een prachtig zicht op de West-Vlaamse bergen.

- A noble sun - a loving husband.
  he died for us
  Age 37
- The utmost for the highest
  Age 36

Locre Churchyard, Loker

Het dorp was bijna de ganse Grote Oorlog in Britse handen. In november 1914 kwamen hier de 1e Grenadier Guards op rust na Ieper verdedigd te hebben. Het bataljon had amper nog de grootte van een compagnie en stond onder het bevel van een kapitein. Een kapitein en negenenzestig man van de 2e Scots Guards kwamen zich bij hen voegen. Bij een tegenaanval op 25 april 1918 namen de Duitsers terug een gedeelte van Loker in tijdens de fameuze Kemmelslag. 's Anderendaags ontzetten de Fransen Loker opnieuw.

Er volgde nog een harde strijd op 29 april wanneer de Duitsers ondermeer het Lokerhof innamen - maar ze werden op 30 april opnieuw door de Fransen verdreven. Daarbij werd gans Loker in puin gelegd. De 84e batterij, Royal Field Artillery, was in april 1918 gestationeerd boven op de Rode Berg met enkel één officier, wanneer ze zich moesten terugtrekken en hun kanonnen achterlaten. Maar bij valavond kwamen enkele mannen terug en duwden de stukken van de helling in de richting van Loker dorp dat door de Duitsers werd bezet. Die waren zo verbaasd door het tumult van de omlaagstormende kanonnen dat zij vergaten het vuur te openen...

Het burgerlijk kerkhof van Loker werd door de Britten gebruikt van december 1914 tot juni 1917.

De graven van 184 soldaten uit het Verenigd Koninkrijk en van 31 Canadezen - er zijn slechts 2 onbekenden onder hen - bevinden zich in twee perken, één aan iedere zijde van de kerk.

Een merkwaardig feit is dat hier drie Britse soldaten liggen begraven, die begin 1915 in een periode van tien dagen voor desertie werden terechtgesteld. Privates Andrew Evans (I - A - 2) en Joseph Byers (I - A - 1) beiden behorend tot de 1st Royal Scots Fusiliers. Vreemd genoeg werden ze op 31 januari 1915 enkel veroordeeld voor *"een poging tot desertie..."* Uiteindelijk draaide alles rond het feit dat beiden niet opdaagden voor een parade vlak voor ze naar het front zouden vertrekken. Het tribunaal speelde het hard en het vonnis werd uitgevoerd op 6 februari in Loker. Zij liggen naast elkaar begraven bij de ingang van het kerkhof aan de westzijde van de kerk.

Evans was een reservist en had in augustus 1914 opnieuw dienst genomen en in oktober bij zijn batallion terecht gekomen.

Byers was 17 en kreeg bij zijn intrede in het leger op 20 november 1914 een opleiding van nauwelijks 14 dagen vooraleer hij naar het front in Frankrijk werd gestuurd... Tegen alle krijgswetten in kreeg de 17-jarige Byers geen bijstand van een advokaat tijdens zijn proces ! De executie verliep ook al niet vlekkeloos. Na het eerste salvo bleek één van de veroordeelden

nog te leven. Er kwam een tweede en zelfs derde salvo aan te pas vooraleer het vonnis was volbracht. Men vermoed dat het executiepeloton niet op de jonge mannen wou schieten en naast het doel mikte...

In de volgende rij (I – B - 1) werd de 20-jarige Private George E. Collins van de 1st Lincolns begraven na zijn executie op 15 februari 1915 Ook hij kreeg geen juridische bijstand toen hij voor de krijgsraad moest verschijnen !

Het graf van de 20-jarige Second Lieutenant C. Hawdon (I – D - 6) geeft een zoveelste familietragedie weer. De inscriptie luidt :

HIS TWO BROTHERS ALSO FELL
IN DEATH THEY ARE NOT DIVIDED

Hawdon sneuvelde op 27 juni 1916 (22), wanneer hij diende in het Yorkshire Regiment. Zijn beide broers - één was legeraalmoezenier - vielen in november 1918, vlak voor het einde van de Eerste Wereldoorlog.

In de volgende rij rust Bugler (klaroenblazer) J.H. Weatherall.,gedood in de 6th Bn Durham Light Infantry op 13 juli 1915.   I – E - 1

Tussen de Canadezen liggen twee majoors zij aan zij :
Majoor W.H. Belyea was 39 jaar, uit het 26th Bn Canadian Infantry wanneer hij het leven verloor op 20 maart 1916.   I – E - 12

Drie dagen later, op 23 maart sneuvelde Majoor W. Bates uit het 25e bataljon. I – E - 13

- Lt R. H. Strong   II - C - 20
  2nd Bn East Surrey Regt.
  Killed in action 12th March 1915.
  Age 29
  Acting bandmaster in India previous to war.
  (orkestmeester)

Pte F. Eke van de 1st Bn Devonshire Regt Sneuvelde op 28 maart 1915 en was met zijn 16 jaar de jongste.   II – B - 10

- A voice we loved is stilled
  Age 19
- His memory in our hearts shall rest
  Age 21
- A cheery word - a smile for all
  he died a hero loved by all
  Age 30
- Tell England.
  Age 25

De Ierse vrijheidsstrijder Majoor William Redmond ligt begraven in Loker. Het geslacht Redmond is één van de oudste Anglo-Normandische families uit het graafschap Wexford in het Zuidoosten van Ierland.

Begin 1850 was William Archer Redmond lid van het Lagerhuis en één van de eerste voorstanders van de Home Rule, het zelfbestuur voor Ierland. Hij had vier kinderen, waaronder 2 zonen, John die later een leider van de Ieren wordt en William. Beiden worden geboren in Ballytrent bij Wexford, John in 1856 en William in 1861. Beiden krijgen onderwijs en opvoeding in het Conglowes College, dat door Jezuïeten bestuurd werd.

Op 21 oktober 1879 wordt de "Irish National League" gesticht, een vereniging van landbouwers, met als taak het verkrijgen van verlaging van de pachten en het bekomen van eigendom van de gronden.

In 1881 betreedt John, William Redmond's broer, het Lagerhuis. William, luitenant in het Wexford - bataljon van het "Royal Irish Regiment" neemt ontslag ter wille van zijn nationalistische overtuiging en om met hart en ziel mee te strijden in de "Irish National League - of Landliga voor Ierlands wet - gevende en eco-

Major William Redmond

nomische bevrijding. Hij was dan ook in 1881 - op 21-jarige leeftijd - een van de jongsten onder de " verdachten" , die gevangen gezet werd. In de gevangenis brengt hij zijn tweeëntwintigste geboortedag door.

Vrijgekomen reist William Redmond in 1883 naar Australië, waar hij zich bij zijn broer voegt om propaganda te voeren en giften in te zamelen voor Ierland. Tijdens dit verblijf in het buitenland wordt hij tot lid van het Lagerhuis verkozen voor de kieskring Wexford door zijn vader vroeger vertegenwoordigd. In Australië huwt hij in 1886 met Eleanor Dalton.

Zijn zending wordt uitgebreid tot Noord-Amerika en na zijn terugkeer in zijn vaderland is hij een vooraanstaand partijfiguur. Wanneer hij verongelijkte landbouwers in heftige redevoeringen op hun rechten wijst, wordt hij in 1888 voor de tweede maal in de gevangenis opgesloten.

Dit was onwettig, want als lid van het Lagerhuis is hij onschendbaar. Met zijn broer John zat hij zes weken in de gevangenis van Wexford. In 1885 wint William Redmond het kiesdistrict North Fermanagh in Ulster en in 1891 het gewest East Clare in één van de stormachtigste verkiezingsstrijden, die Ierland ooit kende, en hij behoudt deze verkiezing tot aan zijn dood. Hij wordt tot de balie toegelaten, maar weigert elke advokatenpraktijk.

Zijn verkiezing gebeurt midden in de Boerenoorlog in Zuid-Afrika en zijn naam wordt vernoemd tussen de medelevenden met de uitgeweken president van Transvaal, Paul Krüger. Het resultaat is, dat hij in 1902 voor de derde maal gevangen gezet werd.

Terug in vrijheid wordt hij één van de populairste leden van het Lagerhuis. Hij bezoekt opnieuw voor een zending ten bate van Ierland, Australië en Amerika en hij schrijft twee boeken over Australië : in 1898 "a shooting trip in the Australian bush" (Een jacht in de Australische wildernis) en in 1906 "Through the New Commonwealth" (Door het nieuwe Gemenebest heen)

Hij was geen voorstander van de partij Sinn Fein (Wij zelf) die in 1900 ontstaan was en die een volledige onafhankelijkheid van Ierland wilde met herstel van de Ierse taal en van het katholieke geloof, maar was van mening, dat Ierland zijn onafhankelijkheid zou bekomen door zich loyaal op te stellen tegenover het Verenigd Koninkrijk.(= "Home Rule")

Wanneer de Grote Oorlog uitgebroken is, houdt William Redmond uit een open raam van het Imperial Hotel te Cork een vlammende toespraak tot de samengestroomde menigte. Hij spreekt de historische woorden : 'Ik zeg u niet: Ga - en hier ontbloot hij het hoofd - maar grijsharig en bejaard als ik ben, zeg ik u : kom, kom met mij naar de oorlog'.

Hij wordt vrijwilliger en wordt ingelijfd als kapitein in het zesde bataljon van het achtste Royal Irish Regiment, waartoe de Wexfordmilitie behoorde.

Dit regiment vormde met het Leinster Regiment, The Royal Munster Fusiliers en The Connaught Rangers samen de 47e infanteriebrigade in de zestiende divisie onder het bevel van majoor - generaal William Hickie.

Tijdens de slag aan de Somme in 1916 is hij de hoogste Britse officier in de vuurlijn, wordt van het front teruggeroepen, tot majoor bevorderd en bij de staf van de divisie gevoegd. De volgende winter ligt de 16e Ierse (= katholieke) divisie te Loker en William Redmond is er de vijf eerste maanden van 1917 ingekwartierd bij mevrouw Emma Spyckerelle, die een winkel had rechtover de kerk.

Tijdens zijn verblijf te Loker gaat William Redmond in maart 1917 met verlof naar West-

William Redmond's graf in de kloostertuin in Loker in juni 1917.

32

minster en doet er in het Parlement een harts-
tochtelijke, onvergetelijke oproep tot volledige
oplossing van de Ierse kwestie tussen katholie-
ken en protestanten.

Daags voor de Mijnenslag te Wijtschate, op
donderdag, H. Sakramentsdag, 7 juni 1917
had Majoor - Generaal William Hickie tevergeefs gepoogd majoor William Redmond uit
de gevechtszone te houden. Maar Redmond
weigerde. Na ontploffing van de mijnen - op
die helse zomerdag - om 03.10 uur (Britse tijd)
stormde Majoor William Redmond vooruit als
kapitein - kommandant / majoor van zijn compagnie 6^e bataljon, 8^e regiment, naast de 36^e
Ulsterse (= protestantse divisie) van zijn troepen tegen Wijtschate dorp, in Duitse handen.
Tegen de (thans nog bestaande) twee mijnkraters van Petit-Bois werd hij getroffen door
een granaatscherf in de voorarm onder de
elleboog, die tot de pols doordrong, en door een
tweede granaatscherf, die zijn linkerdij door-
boorde.

Een soldaat van het 14^e Royal Irish Regiment
laadt hem op zijn schouders en probeert hem
weg te dragen, maar wordt zelf gewond en
geraakt niet verder. Twee brancardiers van de
36^e (protestantse) Ulster - divisie, die hem
vinden, brengen hem naar hun hulppost
(C.C.S.) van de 108^e Field Ambulance, aan de
Lindenhoek tegen Kemmel, waar hij verzorgd
wordt door de legeraalmoezenier John Redmond (een naamgenoot, maar geen familie).
Buiten bewustzijn wordt hij weggebracht naar
Dranouter, maar hij sterft in Loker kort voor
de middag van die bewuste 7^e juni 1917. Zijn
echtgenote heeft bekomen, dat zijn oorspronkelijk graf in de toenmalige kloostertuin be-
houden werd.

**Lone Tree Crater, Spanbroekmolen - Wijt-
schate**
Deze begraafplaats is als het nabijgelegen

*Op verzoek van zijn echtegenote en tegen de
gebruiken van de C.W.G.C. in bleef het graf
van Redmond in de kloostertuin.*

Spanbroekmolen cy ook een gevolg van de
inname op 7 juni 1917 (Magnum Opus was de
fameuze mijnenslag 7 - 14 juni 1917) door de
Ieren.

Van de 88 graven zijn er 60 van de Irish Rifles
van de 36^e Ulster divisie, verder manschappen
van het Cheshire Regiment, the King's Liverpool Regiment, The London Regiment, The
Worcestershire Regiment, The Lincolnshire
Regiment en de Royal Field Artillery. Er zijn
negen onbekenden.

- Rifleman E. Evans
  Till we meet again
- He knoweth best
- The Lord of peace himself give you peace
  always
- Better to go out with honour than to survive
  with shame

Lone Tree Crater, Spanbroekmolen - Wijtschate

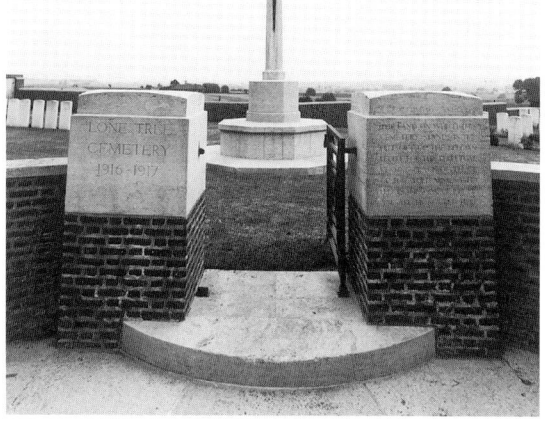

- Oh learn the art of war no more
  but trust the God of peace
  Age 22

Maple Leaf Cemetery, Romarin Nieuwkerke
Deze begraafplaats is gelegen in de "Zakstraat" in Nieuwkerke. De overkant van de straat is Nieppe (Fr.) Maple Leaf Cemetery werd reeds begonnen in december 1915. Van juli 1915 tot april 1916 was er hier een vooruitgeschoven verbandplaats ("Advanced dressing station") van de 3e Canadese Field Ambulances, hetgeen de naamgeving verklaart.
Het aantal graven is als volgt, Verenigd Koninkrijk : 80, Canada : 39, Nieuw-Zeeland : 43, Australië : 4, Zuid-Afrika: 1.
Ook Maori (Nieuw-Zeeland), evenals 11 Duitse krijgsgevangenen liggen hier begraven.

Drie Duitse graven op Maple Leaf Cemetery, Romarin Nieuwkerke

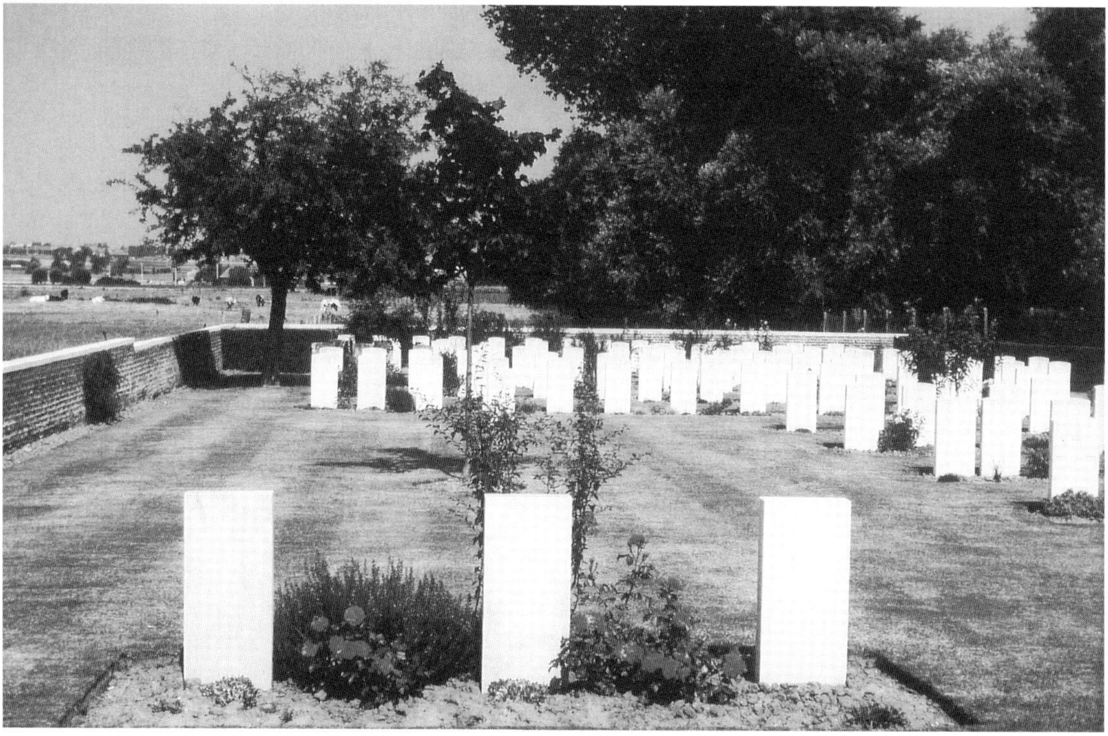

- Pte Syd Currie   C – 5
  3rd Bn Canadian Infantry Regiment
  (Ontario Regiment)
  3 juli 1915
  Age 17
Syd Currie is met zijn zeventien jaar de jongste
hier.

- Pte Charles Davison
  1st Bn Canterbury Regt. (N.Z.E.F.)
  6 mei 1917
  Age 46
Charles Davison is de oudste.

- Pte Albert Parry van het 2 W. Yorkshire
werd op 8 augustus 1917 te Armentières terechtgesteld. Dat werd de achtste terechtstel-
ling uit de 8ᵉ divisie.   K – 4

- Pte T. Whata Peter (23 maart 1917) was een
Maori
J – 14

- Sleep on dear Albert and take your rest.
- They miss you most who loved you best.

Nieuwkerke burgerlijk kerkhof

Het burgerlijk kerkhof van Nieuwkerke heeft
langs de zijmuur, langs de straat ook een reeks
Britse militaire graven uit W.O. I. (naast elf uit
W.O. II) : 76 : Verenigd Koninkrijk; 10 :
Australië; 5: Nieuw-Zeeland; en één onbekende Canadees en één onbekende nationaliteit. Het werd gebruikt door veldambulances
en vechtende eenheden op verschillende tijd-
stippen gedurende de oorlog, in vroegere dagen vooral door de cavalerie en de 5ᵉ divisie.

De twee hoogste in rang zijn majoor :
- Majoor F.G. Richards   Q - 1
  Royal Army Medical Corps
  5 maart 1915
  Age 40

De oudste onder hen :
- Majoor Clive M. Dixon   J – 2
  16 Lancers
  5 november 1914
  Age 44

- Fiat lux
  The Holy Ghost
  The Lord and Giver of life
  The Comforter.
- Steadfast in life. Vallant in death.

- His young life he nobly gave.
  He died his loved ones and his country to sure.

Oosttaverne Wood Cemetery, Wijtschate

Op het gehucht Oosttaverne werd in de jaren
1680 - 84 door Sebastien Le Prestre de Vauban
onder Lodewijk XIV een voorversterking voor
Ieper aangelegd. In de Grote Oorlog was de
Oosttavernelijn een Duitse verdedigingslijn
lopend van ten noorden van de Leie, bij
Deulemont, tot het Komen Kanaal, juist ten
oosten van Oosttaverne. Het Oosttaverne bos
was dan veel groter dan thans.

Oosttaverne werd op 7 juni 1917 's namiddags
op de Duitsers veroverd door de 19ᵉ Western
en de 11ᵉ divisie. Vandaar het monument (op
ongeveer 100 m) "Butterfly" van de 19ᵉ Western
op de hoek van de Rijselstraat en de Hollebeke-
straat.

De perken 1,2 en 3 achteraan de begraafplaats
werden van 7 juni 1917 tot in september 1917
aangelegd door de IX Corps Burial Officer. Na
de wapenstilstand werden nog veel graven
aangebracht uit nabije begraafplaatsen die
opgeruimd werden.
1.119 namen (336 + 783 onbekenden) staan
vermeld in het "Register Book" te weten.
- Verenigd Koninkrijk : 924 (297 + 627 onbekenden) (vooral veel Royal Naval - men)
- Canada : 123 (21 + 112 onbekenden)

- Australië : 43 (16 + 27 onbekenden)
- Nieuw - Zeeland : 19 (2 + 17 onbekenden)

De onbekenden maken dus bijna 75% uit van het totaal. Bovendien rusten hier nog twee Duitse krijgsgevangenen. (Een Duitse begraaf-plaats met 1100 graven bevond zich tot 1957 aan de zuidzijde van de "Sterkte" naar Wijt-schate dorp.)

Vooraan links tegen de muur ligt maréchal de logis (= korporaal) Haddow begraven, "mort pour la France en 1914 - 1918"

Dicht bij het opofferingskruis liggen de mees-ten van 117 Britse soldaten begraven, die in mei / juni 1940 sneuvelden bij de ontruiming van «Duinkerke». Negen onder hen zijn onbe-kend. In de wei achter de begraafplaats staan nog twee Duitse bunkers.

- Reverend Clifford Hugh Reed   I - A - 12
  Military Cross
  7 juni 1917
  Age 28

Deze begraafplaats is ontworpen door Sir Edmond Lutyens

- He gave his life. No more had he to give.
- They never fail who die in a great cause.
- The crown must be won for heaven in battle field of life.
- Your pains were many, your troubles few, though gone from us, we remember you.

Ossuaire Français, Kemmelberg

Op de Oostflank van de Kemmelberg werd in 1926 een massagraf aangelegd met de stoffe-lijke resten van 5.294 Franse officieren, onder-officieren en soldaten. Slechts 57 namen wor-den vermeld op een bord. Voor de overigen geldt slechts één opmerking: inconnu - onbe-kend. De muur werd gemetseld in 1933. Een tweede plakkaat is aangebracht ter herinnering aan het 30e Franse Infanterieregiment, dat zich op 25 april 1918 «sacrifiëerde voor de verde-diging van de Kemmelberg».

Niet alle slachtoffers die hier rusten zijn een gevolg van de Kemmelslag eind april 1918 : Het massagraf is ontstaan door diverse acties van Franse troepen in de streek. De Franse militaire begraafplaatsen werden gegroepeerd te St. Charles de Potyze, Ieper (zie deel 1), te Roeselare en te Chastre-Villeroux-Blanmont. Op meerdere Britse militaire begraafplaatsen vindt men graven van Franse gesneuvelden, vooral op Lyssenthoek My Cy te Poperinge, evenals op meerdere van onze burgerlijke kerkhoven. Een vereniging, de "Entente Cordiale" zorgt voor het onderhoud. De zerkjes vermelden steeds: "Mort pour la France".

Slechts 9313 individuele graven en 9621 stoffelijke resten in massagraven: de overige gesneuvelden werden naar "la patrie" overgebracht. Thans zijn er in België nog 24 Franse militaire begraafplaatsen van W.O. I, waarvan 11 (meestal kleinere) in West-Vlaanderen op burgerlijke kerkhoven :

1) Charleroi - Koksijde - Veurne (145 graven plus collectief graf voor 8 "poilus" onder twee zerkjes en een massagraf met een onbekend aantal Franse gesneuvelden) – Robecmont (Luik) - Saint-Servais (Namen) – Oostvleteren (39 graven) - Petegem – Roeselare (764 graven plus 264 in een massagraf) - Tielt (32 graven w.o. 3 onbekend) - Westvleteren (199 graven) - Woesten (281 graven) (11)

2) Verder op Britse begraafplaatsen :
- Lyssenthoek My Cy
- Poperinghe New My Cy

3) Franse militaire begraafplaatsen :
Aiseau (Belle Motte) - Auvelais - Carnières - Collarmont - Chastre - Villeroux - Blammont - Dinant (citadel - richting Luik) - Kemmelberg - Lobbes "Henlon" - Machelen bij Deinze - Tarcienne (Nationale Philippeville - Charleroi) - Ieper (St. Charles de Potyze)

Saint-Charles de Potijze, Ieper (deel 1 – pagina's 77 en 78) Na het verschijnen van deel 1 werden dicht bij het massagraf elf nieuwe graven aangelegd. Zij zijn gemakkelijk te onderscheiden doordat de kruisjes nieuw zijn. Tijdens archeologisch onderzoek na W.O. I werden op het industrieterrein van Boezinge de

Ossuaire Français, Kemmelberg

stoffelijke resten van elf Franse soldaten blootgelegd. Tien onder hen zijn onbekenden. Slechts één kon geïdentificeerd worden: François Metzinger van de 3e Zouaves.

Packhorse Farm Shrine, Wulvergem

Het Britse leger gaf de hofstede de naam Packhorse Farm en heel dichtbij, langs de baan, stond een kapelletje (shrine). De 46th (North Midland) divisie begon de begraafplaats in april 1915. Ze werd slechts 2 maanden gebruikt.

Vandaar dat hier 54 (op 59 in totaal) soldaten van deze divisie begraven liggen, d.w.z. zevenentwintig van de 1st/5th Lincolns en zevenentwintig van de 1st/4th Leicesters, verder Durham Light Infantry (2), Rifle Brigade (1), Royal Army Medical Corps (1) en Royal Engineers (1)

Pond Farm Cemetery in Wulvergem. Het graf van Rifleman S.H. Walker, Royal Irish Rifles, met de kroon hier neergelegd door het Royal British Legion.

-De jongste :
- Lce Corporal W.D. Freedman   F - 3
  Leicester Regiment
  15 mei 1915
  Age 18

- Death is victory when live is given for friends.
- One of the best. He laid down his life for his
  friends.
- Service he has gone to render.
  Wanted on the other side.
- He is missed now he is gone
  Died for home, country and honor.

Pond Farm Cemetery, Wulvergem

De 3rd Rifle Brigade en de 8th Buffs begraafden hier hun doden in juli 1916 en de begraafplaats werd verder gebruikt door vechtende eenheden en veldambulances tot oktober 1917. Het werd heropend in april en september 1918. De definitieve uitbouw is 293 soldaten uit het Verenigd Koninkrijk, waaronder 178 uit Ierse regimenten - vier onder hen zijn onbekend - en vijf Duitse krijgsgevangenen. Er zijn niet minder dan acht achttienjarigen, allen Ieren.

-Rifleman Henry Devenish   B - 13
  3ᵉ Bn
  11 juli 1916
  Age 46
Henry Devenish, de oudste, was ook een Ier

Twee zerken werden aangebracht voor de vijf Duitse gesneuvelden :
- Lieutenant D.R. Willy Knelke
  I.R. 448
  29.IV – 1918 -

- Lieutenant D.R. Rudolf Bruhn
  I.R. 449
  27.IV. - 1918

- E.D. Lauenburg
       en

De ingang van Packhorse Farm Shrine in Wulvergem

- E. Voigt und Kurt Leidel
  gef. am 20.05 - 1917

-Rifleman S.H. Walker   O - 18
  R.I. Rifles

- The dawn is not distant, nor is the night
  starless
- While he lies in peaceful sleep, his memory
  we will always keep
- He left us with a cheery smile and a wave of
  his hand
- Happy are they that die in the Lord
- Through labor to rest combat to victory.
  Thomas a Kempis
- Reader say one AVE for this dear soul

R.E. Farm Cemetery, Wijtschate

"R.E. Farm" (Royal Engineers) was de Engelse naam voor " de twaalf bunders" hofstede

Pond Farm Cemetery in Wulvergem. Op de achtergrond de Kemmelberg.

die in geallieerde handen bleef tot april 1918, met de Kemmelslag. In december 1914 begonnen de 1st Dorsets een begraafplaats (no. 1) naast de hofstede, dat door fronteenheden en veldambulances verder gebruikt werd tot april 1916 en af en toe in 1917.

In januari 1915 legde hetzelfde bataljon een nieuwe begraafplaats (no. 2) aan aan de overzijde van de hoeve, maar slechts 24 graven werden aangelegd. Na de Wapenstilstand werd de nieuwe begraafplaats ontruimd en de graven gegroepeerd, in no. 1.

Er zijn in totaal 179 graven, d.w.z. 132 manschappen uit het Verenigd Koninkrijk en 47 uit Canada. Zes onder hen werden negentien, vier

onder hen telden achttien jaren en de oudste was 49.

- Cpl Thomas Richard Hough   IV – C - 15
  6th Bn N. Staffordshire Regt
  18 april 1915
  Age 18

- Pte Albert Victor Humphrey   IV – A – 4
  3rd Bn Middlesex Regt -
  13 september 1915
  Age 18

- Pte Peter Kilpatrick   IV – B – 5
  "A" Coy. 5th Bn Yorkshire Regt
  11 juli 1915
  Age 18

Croonaert Chapel Cy, Wijtschate, met de Hollandse Schuur-hoeve op de achtergrond.
Onder: "Joint Graves" in Derry House N°2 Cy, Wijtschate. Twee zerken met telkens twee
gesneuvelden van de Royal Irish Rifles.

Links: Dranouter Military Cemetery, Dranouter.

Onder: Godezonne Farm Cemetery, Kemmel.

Rechts boven: Irish House Cemetery, Kemmel.

Rechts onder links en rechts: De graven van Pte Couwen en Gunner Cormack op locatie II-C-6 en 7 in Kandahar Farm Cemetery, Nieuwkerke.

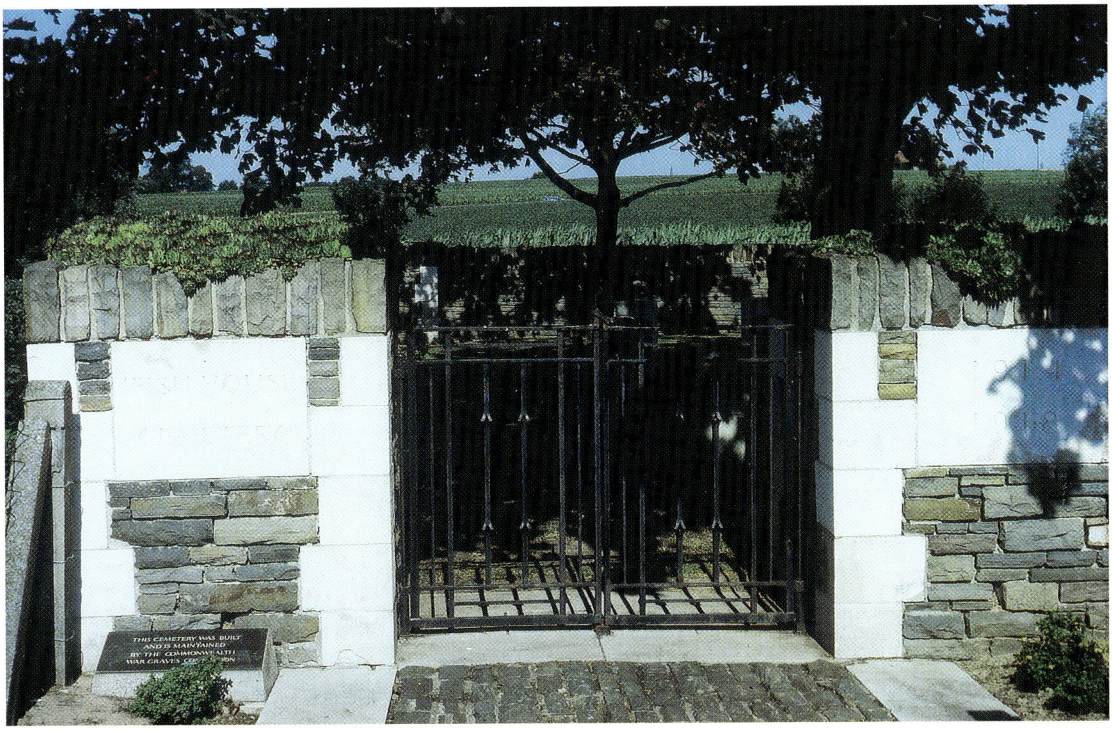
THIS CEMETERY WAS BUILT
AND IS MAINTAINED
BY THE COMMONWEALTH
WAR GRAVES

GUNNER
CORMACK
AUST. FIELD ARTILLERY
23RD JULY 1917 AGE 20

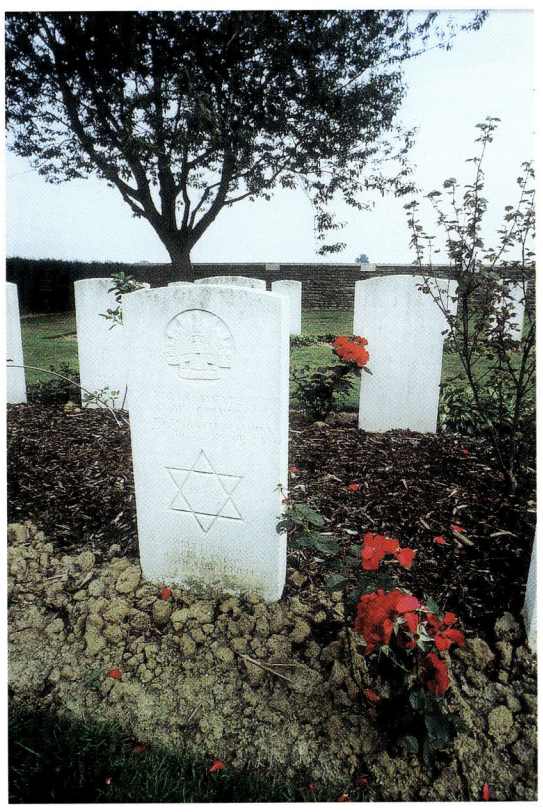

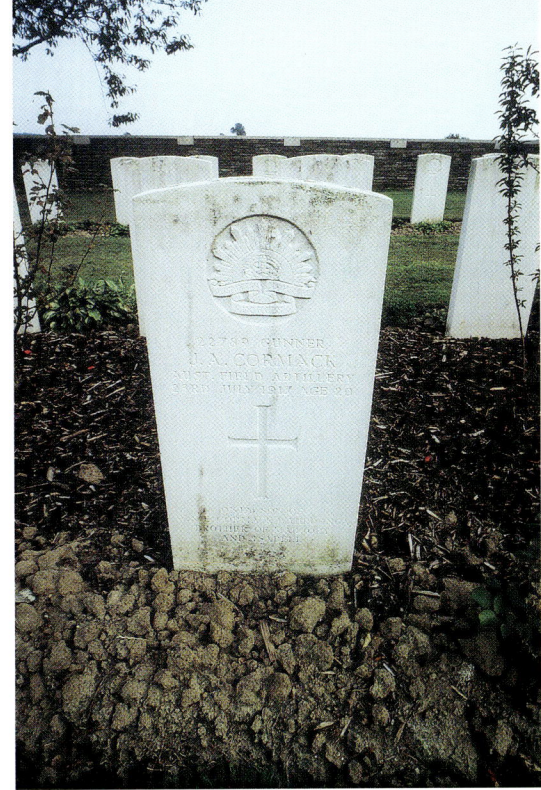

Kemmel chateau Military Cemetery in Kemmel.

Links: Het graf van de Deense graaf Pte Ove Frijs met zijn Deens grafschrift in Kemmel chateau Military Cemetery.

Onder: Klein Vlierstraat British Cemetery in Kemmel.

La Clytte Military Cemetery, De Klijte.

Links: Klein Vlierstraat British Cemetery, Kemmel.

Onder: La Clytte Military Cemetery, De Klijte.

Lindenhoek Chalet Military Cemetery in Kemmel. "Joint Graves" van Est Yorkshire men gesneuveld op 17 juni 1916.

Links: Het graf van onbekende Newfoundlanders in perk 7, rij D, graf 13 Van La Laiterie Military Cemetery in Kemmel.

Rechts: Locre Hospie Cemetery in Loker.

Locre N° 10 Cemetery, Loker. Op de achtergrond tekent de Rode Berg zich af tegen de horizon.

Links: Het graf van Rifleman E. Evans met het grafschrift:

TILL WE MEET AGAIN.

Rechts boven: Maple leaf Cemetery, Romarin.

Rechts onder: Oosttaverne Wood Cemetery in Wijtschate met op de achtergrond naast het kruis de St-Medarduskerk van Wijtschate.

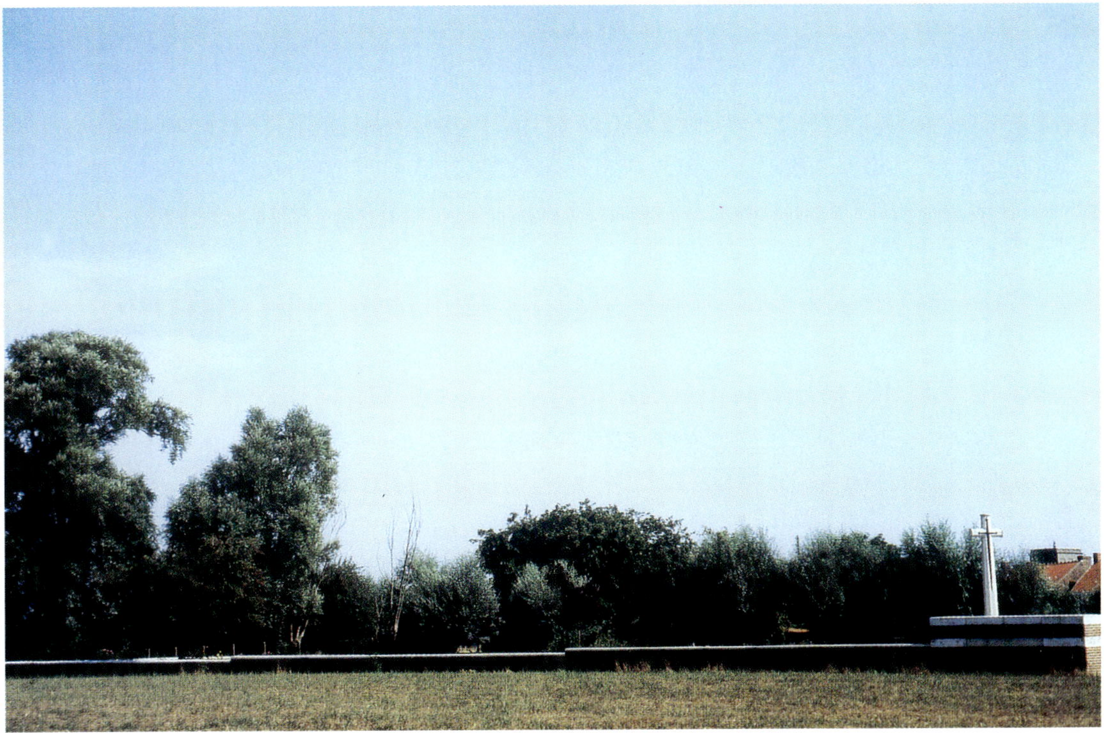

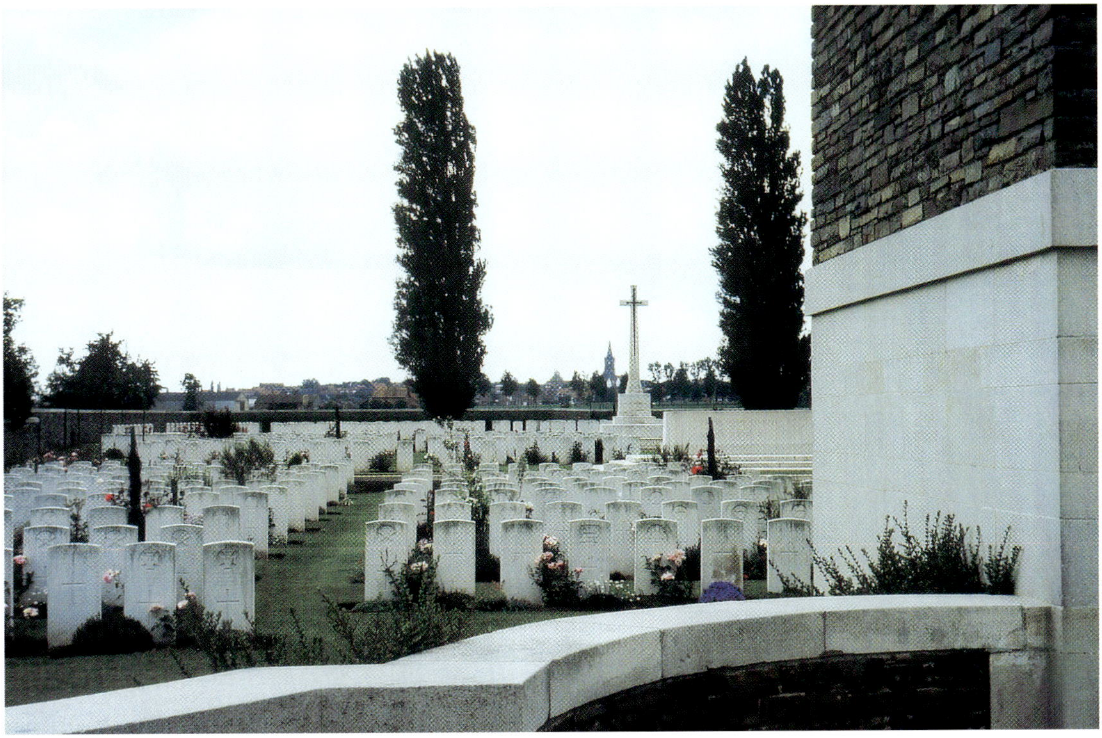

Spanboekmolen British Military Cemetery in Wijtschate (boven) en Betleem Farm East Cemetery in Mesen (onder).

Rechts: Hyde Park Corner (Royal Berks) Cemetery in Ploegsteert met het graf van de zestienjarige Rifleman Albert French van het King's Royal Rifle Corps.

Links: Royal (Berkshire) Extension in Ploegsteert.

Onder: Hyde Park Ploegsteert Memorial. Bezoekende familieleden van Pte H. White brachten een foto van hun gesneuvelde over-over grootvader mee evenals een papaverkroon en herinneringskruisje.

Rechts: La Plus Douve Farm Cemetery, Ploegsteert.

Volgende bladzijde: Prowse Point Military Cemetery, Warneton.

R.E. Farm Cemetery, Wijtschate

- Lce Cpl Edwin Williamson   IV – B – 7
  "B" Coy. 5 th Bn Yorkshire Regt -
  5 juli 1915
  Age 18

- Pte Alfred Broad   III – C – 3
  9th Bn East Surrey Regt
  1 april 1916
  Age 49
Alfred Broad is met zijn 49 jaar de oudste

Het valt op dat er als onderofficieren slechts vier sergeanten zijn onder de gesneuvelden en slechts één officier;
- Lt M.W. Hand   I – A - 7
  1st Bn Cheshire Regiment
  25 januari 1915

- He took him aside from the multitude.
- In thinking of others he forgot himself

- We are deprived o Lord of one
  who was to us most dear.
  Teach us to say thy will be done.

Somer Farm Cemetery, Wijtschate

Somer Farm Cemetery is gelegen juist buiten de dorpskom van Wijtschate, op de weg naar Hollebeke op de wijk "Strooien Haan". Het werd gebruikt in juni 1917 (tijdens de mijnen-slag 'Magnum Opus' van 7 - 14 juni) tot maart 1918 en opnieuw in oktober 1918, voor 72 gesneuvelden uit het Verenigd Koninkrijk en 19 uit Australië.

Vijf graven vermelden, dat de gesneuvelden hier ergens in de buurt begraven liggen. Er is één onbekende. Bij het betreden van deze kleine zeer overzichtelijke begraafplaats valt het oog onmiddellijk op de eerste twee zerkjes met vermelding van vier Australiërs van het 53[e]

Somer Farm Cemetery in Wijtschate

Bn, die dezelfde dag - 1 maart 1918 - sneuvelden en hier gezamenlijk begraven werden. De familie zorgde voor een epitaaf.

Zerk 1.   Private G.R.J. Hill (20)
                    At rest
Private S.J. Mears (25)
One of two who gave their life, of four brothers who served their country.
(van vier broers vrijwilliger sneuvelden er twee)

Zerk 2.   L. Cpl J.F.K. Comb (23)
a sleep in his saviour where grief is unknown.
Private R. Pendleton (23) He gave his young live to keep Australia free.
- De grafsteen van private Stern (C 5 met de Joodse Davidster) draagt de tekst:
FALLEN UNTO ME IN PLEASANT PLACES
YEA I HAVE A DELIGHT SOME HERITAGE

-De "headstone" van Rifleman Willis (C 8) heeft het embleem van de Queen's Westminster's en deze van private Hudson (A 8) van het Royal Army Service Corps het bekende citaat van Koning Edward III:
"HONNI SOIT QUI MAL Y PENSE"

-Everybody loved him
  He was always bright
  and true our hero
- On honor's field his body lies in God's just cause no soldier dies.
- He walked through life with a sunny smile beloved by all.
- Sadly his mother and father are thinking of their soldier son so brave
- Snatched from loving parents without a moment's notice.

Spanbroekmolen British Cemetery in Wijtschate

Spanbroekmolen British Cemetery, Wijtschate

Deze begraafplaats bevat de graven van 58 Ieren die bij de inname van Wijtschate op 7 juni 1917 vielen : 57 gesneuvelden op de eerste dag, één stierf 's anderendaags in deze slag, die duurde tot 14 juni 1917.

Allen (op één na: Royal Garrison Artillery) behoorden tot de 36e Ulster divisie.

Zes graven werden door latere oorlogshandelingen verwoest en hebben thans speciale "headstones"

(B 3 - B 8 - C 2 - C 7 - D 11 - E 5)

- Better to go out with honour
  than to survive with shame
  Age 20
- Love you have left us weary and lonely
  Age 22

Suffolk Cemetery, Vierstraat - Kemmel

Suffolk Cemetery, Vierstraat - Kemmel

De 2nd Suffolks begraafden hier in maart en april 1917 achttien van hun manschappen, en de 38th Labour Group in oktober 1917 zesentwintig gesneuvelden (waaronder één onbekende) van de 1st/4th en de 1st/5th Yorks & Lancasters, één Somerset Light Infantry man en twee soldaten wiens eenheid onbekend was. Wat als totaal graven 47 geeft.

Private William Scotton van de 4th Middlesex werd geëxecuteerd aan de Vierstraat op 3 februari 1915 en hier dichtbij begraven maar zijn graf ging achteraf verloren. Zijn naam staat vermeld op de Menenpoort.

De 18-jarige Scotton nam dienst voor de oorlog in juli 1914 en toen de oorlog uitbrak vertrok zijn Regiment naar Ieper achter het front. In december liet hij de oorlog voor wat hij was en daagde niet meer op. Hij werd opgepakt en werd daarvoor gestraft maar omdat "afwezig" nog niet gelijkstond met "desertie" kwam hij er goed onderuit.

Nauwelijks een maand later, op 23 januari 1915, deserteerde hij toen zijn Batallion naar het front vertrok. Een dag later gaf hij zich aan en werd prompt opgesloten. De krijgsraad beschreef hem als een zwak element met een ernstig gebrek aan discipline en veroordeelde hem tot het executiepeloton. Het ganse Batallion was aanwezig toen 8 man van zijn eigen eenheid de executie uitvoerden.

De straat die zuidwest liep werd cheapside genaamd. Suffolk Cemetery werd dan ook een tijdje "Cheapside Cemetery" genoemd.

- Goodbye beloved
  Till we meet to part no more
  From wife and home. Age 40

Torreken Farm Cemetery no. 1, Wijtschate. Rechts de St-Niklaaskerk van Mesen. De vijf graven vooraan zijn van 14 gestorven Duitse krijgsgevangenen.

Torreken Farm Cemetery no. 1, Wijtschate

Torreken Farm cy werd aangelegd door het 5e Dorset Regiment in juni 1917 (met de mijnenslag van 7 juni) en werd gebruikt als een frontlijnbegraafplaats tot april 1918. Hier liggen begraven: 70 soldaten uit het Verenigd Koninkrijk, 20 Australiërs en 14 Duitse krijgsgevangenen (onder vijf zerkjes).
Eén graf draagt de vermelding: 'unknown soldier.'

- Parted but not for ever
  our beloved son and brother
- We miss him
  He was the sunshine of our home
  gone but not forgotten.
- Our love is great
  we'll not complain
  but hope in heaven
  to meet again.

Westhof Farm Cemetery , Nieuwkerke

Het Groot Westhof, gelegen tussen de Broeken en de Breemeersen, was vermoedelijk de heerlijkheid van de familie Villiers de Westhove. Een lid van dit geslacht, Pierre Loyseleur de Villiers van Westhove, werd secretaris van Willem van Oranje en schreef zijn verweerschrift "Apologie", een brief gericht tot de vorsten van die tijd waarom Willem Van Oranje in de Noordelijke Nederlanden streefde naar godsdienstvrijheid. (Toen bestond de leuze 'Diens land, diens godsdienst: "cujus regio, illius regio") dat eindigde met de beroemde zin: "Point n'est besoin d'espérer pour entreprendre, ni de réussir pour persévérer: Je maintiendrai."

De hofstede werd in mei en juni 1917 het hoofdkwartier van de Nieuw-Zeelandse divisie en duiven brachten van uit Mesen de bood-

Westhof Farm Cemetery in Nieuwkerke met op de achtergrond de Zwarte Molenheuvel.

schap over, dat het thans kleinste stadje van België door haar troepen was ingenomen.

Dit "cemetery", gelegen langs de Waterloo Road, werd in mei 1917 begonnen en werd tot april 1918 gebruik door fronteenheden en veld-ambulances. Tijdens de slag om de Kemmelberg was het voor vijf maanden in Duitse handen.

Thans liggen hier begraven: 73 gesneuvelden uit het Verenigd Koninkrijk, 43 uit Australië, 14 uit Nieuw-Zeeland en 1 uit Canada, wat een totaal geeft van 131.

Er zijn geen onbekenden en 45 onder hen behoren tot artillerie - eenheden - verder nog 5 Duitse soldaten. Eveneens "special memorial" en zes "Known to be buried in the cemetery".

- Rifleman Thomas Donovan van het 16^e Batallion (gekscherend de *Church Lads Bri-gade* genoemd) King's Royal Rifle Corps uit de 10^e Brigade van de 33^e divisie, deserteerde voor de eerste maal na de slag aan de Somme. Het krijgsgerecht was mild en veroordeelde hem tot zes maanden opsluiting. Achttien maan-den later deserteerde hij opnieuw en werd in Amiens opgepakt. Drie dagen nadat hij hier-voor veroordeeld was ontsnapte Donovan uit het wachtlokaal maar werd opnieuw in Amiens gesnapt. Lang werd hij niet vastgehouden want op 22 augustus ging hij er weer vandoor nadat hij de wacht overmeesterd had. Opnieuw werd hij ingerekend nadat hij zich voor een Belgische arbeider had uitgegeven. Als verweer bracht hij bij zijn proces naar voor dat:"...*zijn zuster hem had gevraagd terug naar huis te ko-men...*" Ook vertelde hij dat twee van zijn broers reeds waren omgekomen in de oorlog. Het bracht allemaal niet veel aarde aan de dijk en het vuurpeloton voerde op 31 oktober het vonnis uit. (II - D - 14)

-Lieutenant N.J. Browne M(ilitary) C(ross) van het 13ᵉ Bn Australische infanterie stierf op 22 maart 1918 aan zijn verwondingen. Daags voordien was een atletiekteam onder leiding van hun trainer Browne te Nieuwkerke aan het oefenen, wanneer een Britse (!) granaat insloeg en verschillende sporters verwondde.

(II - D - 4)

De vijf Duitse soldaten, die hier begraven werden, sneuvelden allen op 7 juni 1917:

- Johann Karl Braun	II - C - 18
- Jakob Elsesser	II - C - 15
- Ludwig Mehling	II - C - 17
- Georg Reisch	II - C - 16
en één onbekende	II - C - 19

De jongste is 18 jaar.
- Driver (voerder) John Parry   I - C - 1
  2nd / 1st (Shropshire) Bty
  Royal Horse Artillery
  3 juni 1917
  Age 18

De oudste begravenen op deze begraafplaats zijn :
- Corporal Percy John Keen   II - A - 8
  Army Troops Coy. Royal Engineers
  4 juni 1917
  Age 41
en
- Gunner (kanonnier) G. Dipple
  296th Siege Bty Royal Garrison Artillery
  28 mei 1917
  Age 40

- Always willing, always kind
  loving memories left behind.
- No word of comfort could we give to him, we
  loved so well.

Westoutre British Cemetery, Westouter
De geschiedenis van deze begraafplaats ligt

vervat tussen de periode oktober 1917 en april 1918, wanneer het dorp dicht bij de frontlijn kwam te liggen en volgende graven werden aangelegd:
-Verenigd Koninkrijk: 157, waaronder 1 airman, Canada : 5, Nieuw-Zeeland : 3, Chinese Labour Corps: 3 (achteraan de begraafplaats : BB 1 - 2 - 3), onbekenden : 52
-Achteraf uit W.W. II nog vier graven. 1 Fransman - Eugène Cellier van het 15ᵉ RA, gestorven op 27 mei 1940

Door Duitse beschietingen werden 5 graven vernield en door "special memorials" vervangen (vooraan rechts tegen de muur).

- Majoor Eric Stuart Dougall   X - 11
  Victoria Cross en Military Cross
  Royal Field Artillery
  14 april 1918
  Age 32

Op 10 april 1918 organiseerde hij onder een hevige vijandelijke gasaanval en intensief artillerievuur, de verdediging van zijn stelling. Vier dagen later werd hij gedood. Zijn graf werd in de maanden die volgden vernield. Vandaar dat hij vooraan rechts tegen de muur van het kerkhof een special memorial (nr. 1) heeft. Zijn grafschrift luidt:

A MAN GREATLY BELOVED.
DANIEL

Drie Royal Irish Rifle - men zijn de 'joungers'
- M. Moriarthy   M 5
  17 augustus 1918
  Age 18

- A.R. Smith   M 9
  2 september 1918
  Age 18

- M. Cush   M 1
  17 augustus 1918
  Age 17

Westoutre British Cemetery in Westouter

- A faithful son
  A father dear
  a loving husband
  lieth here. R.I.P.
- The path of duty was the way to glory
- His sun went down while it was yet day.

Westoutre Churchyard and Extension, Westouter

Het kerkhof werd gedurende de ganse oorlog sporadisch gebruikt door veldhospitalen en gevechtseenheden. De "C.W.G.C." verdeelde dit in "churchyard " en " Churchyard extension" (met enkel een weggetje ertussen)

Churchyard : 12 V.K. + 4 Can.
Extension : 65 V.K. +15 Can. ,1 Australier, 1 Nieuw-Zeelander en 3 Duitsers.

In het "Extension" gedeelte:

- Pte Charles Frederick Robinson II – A - 5
  594th M.T. Coy. Army Service Corps
  16 september 1917
en
- Gunner James Alfred Robinson
  12th Bty Royal Field Artillery
  16 september 1917

Beide broers sneuvelden op dezelfde dag. Een derde, William Charles, verloor zijn leven eveneens aan het front.

De drie Duitsers kwamen uit verschillende regimenten :
- Otto Münkel
  27 september 1917 R.I.R. 231
- Unteroffizier Joh. Heilmeier
  14 oktober 1918 Bayer 25^e. I.R.
- Robert Glass
  juni 1917 I.R. 44

Wulverghem -
Lindenhoek Road Military Cemetery,
Wulvergem

Vier bataljons van de 5[e] divisie begonnen hier in december 1914 hun gesneuvelden te begraven en noemden de begraafplaats Wulverghem Dressing Station Cemetery. Het werd gebruikt tot juni 1917 en opnieuw in september en oktober 1918. Bij de Wapenstilstand waren er 162 graven (waaronder 49 Canadezen), die thans perk 1 uitmaken.

Perken 2 - 4 werden dan aangelegd door vijf kleinere begraafplaatsen, twee op grondgebied Mesen, één te Wulvergem en twee op grondgebied Nieuwkerke, samen te voegen.

Thans zijn er 1010 graven. Voor het Verenigd Koninkrijk : 511 plus 332 onbekenden, voor Australië : 30 plus 5 onbekenden, voor Canada: 52 plus 2 onbekenden, voor Nieuw-Zeeland : 64 plus 5 onbekenden, voor Zuid-Afrika : 1 plus 8 onbekenden (658 + 352).

Twee memorials vermelden twee soldaten uit het Verenigd Koninkrijk, die verondersteld zijn hier te zijn begraven geworden en zeven memorials van verwoeste graven op twee andere begraafplaatsen.
Er zijn 32 negentienjarigen, 18 achttienjarigen en ook 2 zeventienjarigen

- Gunner Edward Ryder van "A" Bty Royal Canadian Horse Artillery is met zijn 51 jaar de oudste.   I - B - 21

De "Indian bean tree" (honingboom) is zeer zeldzaam en komt in de Ieperboog alleen op deze militaire begraafplaats voor.

- For all of us he did his best
  May God give him eternal rest.
- He died at his duty but lives in the garden of memory.

Wulverghem - Lindenhoek Road My Cy.

- More loyal and more loving heart.
  never beat within a human breast

Wulverghem Churchyard, Wulvergem

Achtendertig soldaten van het Verenigd Koninkrijk werden hier begraven eind oktober 1914 – april 1915. De begraafplaats werd zodanig beschadigd door de Duits artillerie, dat voor drieëntwintig onder hen vermeld wordt: "Known to be buried in this cemetery", met als epitaaf : "Their glory shall not be blotted out". Dit wordt voor de 23 vermeld op 12 grafstenen, want elf graven dragen telkens twee namen.

Twee onbekende Queen Victoria – Rifles liggen afzonderlijk begraven halfweg het kerkhof langs de haag aan de straatzijde. Er zijn vijf onbekenden of 'unnamed'.

- Sergeant L. Johnson
  N. Staffordshire Regt
  7 april 1915
De 22-jarige Johnson werd door zijn familie

bedacht met het grafschrift :

GRANT HIM O'LORD REST ETERNAL

- Sqd. Serjeant Major H.W. Baker
  11th Prince Albert Own Hussars
  30 oktober 1914
  Age 36
 Baker heeft volgende inscriptie op zijn graf:

GOD BE WITH YOU TILL WE MEET AGAIN

De gesneuvelden kwamen uit verschillende regimenten: Scottish Borderers, 11th Prince Albert's Own Hussars, King's Own Scottish Borderers, North Staffordshire, Queen's Bay, Royal Lancers, Devonshire, Royal Lancashire en Queen Victoria's Rifles Regiment.

Wytschate Military Cemetery, Wijtschate
Wijtschate was in Duitse handen van 1 november 1914 tot 7 juni 1917 en van 16 april 1918 - na zes dagen harde gevechten - tot 28 september 1918. De begraafplaats hier is een typisch voorbeeld van "concentratie": Het werd volledig aangelegd na de Wapenstilstand door de samenbrenging van verschillende begraafplaatsen, vier uit Kemmel en één uit Wijtschate.

In totaal 1002 gesneuvelden uit het Britse Commonwealth liggen hier begraven: Verenigd Koninkrijk : 310 + 623 onbekenden, uit Australië : 11 + 20, uit Canada : 5 + 14, uit Nieuw-Zeeland : 1 + 6, uit Zuid-Afrika : 1 + 10 en 1 Air Force man. Het aantal onbekenden bedraagt dus 673 of 67 %. Ook één Duitser werd hier begraven.

Er zijn drie 'special memorials' voor respectievelijk vier, drie en twee soldaten, die elders begraven werden en wiens stoffelijke resten niet teruggevonden werden. Op zestien graven komt de vermelding 'Buried in this cemetery' (op dit kerkhof begraven) - voor. De beplanting bestaat uit populieren, wilgen en Ierse taxis.

- The choices of flowers are plucked in their bloom
- At rest with the poppy of Flanders his duty done for all.
- Weeping may endure for a night but joy cometh in the morning
- The fragrance of his life is still a precious memory

Wytschate Military Cemetery, Wijtschate

B. MESEN

Betleem Farm East Cemetery, Mesen

Betleem Farm (hoeve Crespel) werd door de 3e Australische divisie ingenomen op 7 juni 1917 tijdens een veldslag die tot de 14 juni duurde. De begraafplaats is daar een gevolg van met de graven van 42 Australiërs (de meesten onder hen sneuvelden op 8 en 10 juni) en een soldaat uit het Verenigd Koninkrijk. Een zerkje vermeldt een Australiaanse soldaat, die ook 'hier ergens' begraven ligt. Er zijn 8 onbekenden.

Betleem Farm East is het kleinste cemetery in de Ieperboog. Als officier zijn er enkel één kapitein en twee tweede luitenanten. Pte Francis Douglas Seymour (19) (9 juni 1917) van het 2nd Bn Australian Infantry is de jongste (E – 6), Pte John William Brack (41) (3 juli 1917) van het 43e is de oudste (A – 16)

Adolf Hitler was op de hofstede in december 1914. Op 1 juni 1940 kwam hij er terug als Führer van het Duitse leger om er met landbouwer Crespel (via een generaal die als tolk dienst deed) te praten.

- A good and dutyful son
  A fairless intelligent soldier.
  Age 33
- The hours I've spent with thee dear heart
  Are as a string of pearls to me.
  Age 32

Betleem Farm West Cemetery, Mesen

De oorsprong van "West Cemetery" loopt gelijk met "East Cemetery", maar de 14th Light Division bleef de plaats verder gebruiken voor haar gesneuvelden tot eind 1917. De

Betleem Farm East Cemetery in Mesen

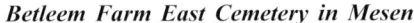

Betleem Farm West Cemetery in Mesen

nabijgelegen Nazareth-hoeve werd door de Britten ook Schnitzel Farm genaamd.

Ook hier liggen vooral Australiërs begraven : 114, waaronder één onbekende, verder 24 man uit het Verenigd Koninkrijk en 27 uit Nieuw-Zeeland en één soldaat uit het Verenigd Koninkrijk gevallen in W.O. II. In totaal 166 oorlogsgraven.

Eén Nieuw-Zeelander, wiens graf door de Duitse artillerie vernield werd, wordt herdacht met een vermelding op een grafsteen.

Er zijn negen negentienjarigen. Slechts drie officieren liggen hier begraven, een luitenant en twee tweede-luitenanten:
- 2nd Lt William Stevens   B 21
  4th Bn 3rd N.Z. Rifle Brigade

15 augustus 1917
Age 24

- 2nd Lt Randall Virgoe   F 15
  10th Bn Australian Infantry (A.I.F.) –
  21 december 1917
  Age 20

- Lt Edward Maude   D 3
  3rd Bn 3rd N.Z. Rifle Brigade –
  7 augustus 1917
  Age 35

- Pte Archibald Frizell   A 6
  33rd Bn Australian Infantry
  11 juli 1917
  Age 42
Met zijn 42 jaar is Frizell de oudste hier.

Twee mooie paarse meidoornen bloeien hier.
- His memory still is liveth
  Within his loved ones hearts.
  Age 24

Messines Ridge British Cemetery, Mesen

Mesen werd door de 26e Duitse divisie op 31 oktober / 1 november 1914 veroverd op de 1st Cavalry Division. De 9th (Queen's Royal) Lancers, 2nd Royal Inniskilling Fusiliers en de 57th's (Wilde's) Rifles uit India moesten zich terugtrekken tot in het centrum van de stad. Daar werd de verdedigingslijn gehouden door de 10th (Prince of Wales's Own Royal), 11th (Prince Albert's Own) Hussars, 2nd (Queen's Bays), 4th (Royal Irish) en 5th (Princess Charlotte of Wales's) Dragoon Guards.

Na een nieuwe Duitse aanval werden deze eenheden nog versterkt met de 2nd King's Own Yorkshire Light Infantry en de 2nd King's Own Scottish Borderers, die een tegenaanval inzetten waarin ook de London Scottish aan deelnamen. Desondanks die massale inzet moest Mesen aan de Duitsers prijsgegeven worden.

Het monument van de London Scottish, dat herinnert aan hun inzet in de strijd op "halloween" (31 oktober 1914) bevindt zich tegen Ieperhoek op grondgebied Wijtschate rechts langs de baan naar Wijtschate dorp toerijdend en werd ingehuldigd door Koning Albert I op 1 augustus 1924.

Mesen werd op 6 en 7 november 1914 zonder resultaat aangevallen door Franse troepen. De Nieuw-Zeelandse divisie nam Mesen in tijdens de grote mijnenslag (Magnum Opus) op 7 juni 1917. Het was een zeer sterk Duits verdedigingspunt, niet enkel door de hooggelegen positie, maar eveneens door het bunkersysteem.

Lt Thomas, de verdediger van Mesen had zijn hoofdkwartier in de kelders van het volledig verwoeste koninklijk gesticht. Mesen werd door de Duitsers heroverd op 10 – 11 april 1918 – in de aanloop naar de Kemmelslag – na een hardnekkige weerstand door de Zuid-Afrikaanse brigade onder generaal Smuts. Het kwam opnieuw in Britse handen op 28 – 29 september 1918 toen de 34e divisie de Duitsers wegjoegen.

De Commonwealth War Graves Commission plantte hier in het voorjaar 2000 zoals op Brandhoek 2 My Cy (zie deel 2) Japans siergras dat in het najaar verkleurt tot donkerbruin-rood. De officiële naam is "Imperata Cylindrica Red Baron". "Messines Ridge British Cemetery" is weer een typisch voorbeeld van "concentration cemetery". Ook na de Wapenstilstand werden er nog graven van gesneuvelde soldaten uit de omliggende begraafplaatsen bijgezet.

De concentratie gebeurde uit :
1) Bell Farm Cy , Wijtschate, op de Mesen-
   Kemmelbaan.
2) Blauwepoort Cy , Wijtschate
3) Bousbecque East German Cy

Messines Ridge British Cemetery, Mesen

4) Bristol Castle My Cy, Mesen (tegen Wulvergem)

5) Lumm Farm Cy, Wijtschate (baan naar Mesen)

6) Middle Farm Cy , Wijtschate (bij de Kruisstraat)

7) Onraet Farm Cy, Wijtschate (tegen Voormezele)

8) Queensland Cy , Warneton (oude Waastenstraat)

9) River Douve Cy – (Snitchel Farm)

Het aantal graven bedraagt: Verenigd Koninkrijk : 295 plus 708 onbekenden, Australië : 204 + 138 onbekenden, Nieuw-Zeeland : 67 plus 61 onbekenden, Canada : 1, Zuid-Afrika : 10 plus 47 onbekenden. Dit maakt dus uit, dat naast 577 bekende er 954 onbekenden zijn , wat bijna 65% onbekenden uitmaakt.

De meeste graven zijn van gesneuvelden in de slag van Mesen van juni 1917 maar het eerste slachtoffer is Lt P.F. Payne – Gallwey, die bij het uitbreken van de Grote Oorlog gekazerneerd was in Indië, onder de 9th Lancers sneuvelde hij bij Mesen op 30 oktober 1914 (II – F – 8)

De begraafplaats bevindt zich op de gronden van het koninklijk gesticht. "*Ferme du Moulin*" en "*Betleem Farm*" (Bethleem) waren abdijhoeven en het "cross of sacrifice" staat precies op de plaats van de windmolen, die naast de hofstede stond.

De jongste werd 16 :
- Lance Gl. Albert Furness   II – E - 20
  11th Bn Lancashire Fusiliers
  7 juni 1917
  Age 16

Verder zijn er nog vijf achttienjarigen en achtentwintig negentienjarigen. Als officieren liggen hier begraven: zestien tweede-luitenanten, tien luitenanten, vier kapiteins en één majoor.

Rondom het "Cross of Sacrifice" staan 828 namen vermeld van vermisten uit de Nieuw-Zeelandse bataljons (Auckland – Canterbury – Ontario - Wellington)

Op de begraafplaats is er een gelijkaardig paviljoentje als op Buttes New Cemetery.

Er zijn hier vier achttienjarigen :
- Rifleman Eric Donn
  3rd Bn
  7 juni 1917
  Age 18

- Pte Leslie Hunt
  no. 5 Machine Gun Corps
  7 juni 1917
  Age 18

- Pte John Stapleton
  1st Bn Canterbury
  7 juni 1917
  Age 18

- Pte Gerald Thompson
  1st Bn Canterbury
  8 juni 1917
  Age 18

- de oudste
- Pte Georges Chevalier
  2nd Bn Otago Regiment
  7 juni 1917
  Age 56

- Lce Cpl Daniell   VI – B – 19
  167 th Army Troops Coy   Royal Engineers
  20 juli 1917
  Age 53
Daniell is de tweede oudste

De 28-jarige Pte George Hood die op 7 juni 1917 sneuvelde meldde zich als vrijwilliger bij het Canadese leger. Om gezondheidsredenen werd hij ontslagen en trok naar Nieuw-Zeeland. Hij herstelde daar gedeeltelijk en meldde zich opnieuw als vrijwilliger voor frontdienst maar ditmaal in de New-Zealand Expeditionary Force. Hij ontliep zijn noodlot niet en liet het leven op Vlaamse bodem.

Pte Thomas Mc Donald van het Otago Regiment werd krijgsgevangen genomen op 1 januari 1917 en overleed aan een ziekte.

Ook Pte Sydney Sharpe van het 2nd Bn Wellington Regiment, die diende in Gallipoli, werd zwaargewond en ongeschikt verklaard voor verdere dienst. Na een revalidatieperiode nam hij opnieuw dienst war uiteindelijk fataal voor hem afliep.

Op het memoriaal staan als officieren vier onderluitenanten, zes luitenanten en één kapitein vermeld.

- He rests not in his native land.
  Age 29
- By angel hands to heaven conveyed to rest for ever there.
  Age 19

Messines Ridge British Cemetery, Mesen

C) PLOEGSTEERT – WARNETON

Calvaire (Essex) Military Cemetery, Ploegsteert

Deze begraafplaats bevindt zich op ongeveer 200 m. van Gunners Farm Cy , langs de witte weg (Chemin de la Blanche). Het nabijgelegen huis kreeg van de Britten de naam "Essex House" mee. De eerste graven werden aangelegd in november 1914 door de 2nd Essex en de 2nd Monmoutshire Regiments (rijen A – M in perk I), verder door de 9th Royal Fusiliers en 11th Middlesex Regt (rij O in perk I), de 7th Suffolk en de 9th Essex (perk II), de 6th Buffs (perk III) en 1/7th en 1/8th Worcestershire Regt (A – C in perk IV) en beëindigd door de 11th Queen's Royal West Surrey en 10th Royal West Kent Regiment in juni en juli 1916.

Tweehonderdenachttien gesneuvelde soldaten en officieren uit het Verenigd Koninkrijk werden hier bijgezet, en vooral veel jeugdige slachtoffers: tien negentienjarigen, zes achttienjarigen, vijf zeventienjarigen en vier zestienjarigen, waaronder:

- Pte Arthur Day   I – F - 10
  2nd Bn Monmountshire Regt.
  3 februari 1915
  Age 16

- Pte John Seaman   III – A – 5
  6th Bn The Buffs (East Kent Regt)
  10 juli 1915
  Age 16

Calvaire (Essex) Military Cemetery in Ploegsteert

De oudste (42) is Sergeant B.J. Brand – 6th Bn The Buffs – East Kent Regiment , die sneuvelde te Loos (Fr) op 26 september 1915.

III – D – 1

Als officier liggen hier begraven : vier tweedeluitenanten en vier luitenanten, drie kapiteins en één majoor.

Capt Robert Laurence Pillman   IV – D – 10
 "D" Coy, 10th Bn Queen's Own
 (Royal West Kent Regt)
 9 juli 1916
 Age 23

Laurence Pillman was een international van het rugbyteam dat in 1914 tegen Frankrijk speelde. Hij verdiende ook de gouden medaille in golf in de Londense advokatenvereniging. Zijn grafschrift luidt:

BE THOU FAITHFUL UNTO DEATH
AND I WILL GIVE
YOU THE CROWN OF LIFE.
REV. 11 CHAPTER 10 VERSE

Zoals ook Gunners Farm Cy is dit een typisch voorbeeld regimentsbegraafplaatsen uit 1914 en 1915.

- In health and strength he left his home to
  answer his country's call.
- A sad day recalled from mother father.
- And God shall wipe away all tears.

Een mooie bloeiende hibiscus met op de achtergrond rode meidoorn. Verdere beplanting : Ierse taxis en dubbele purperdoorn De architect van de begraafplaats is Major G.H. Goldsmith.

Gunners Farm Military Cemetery, Ploegsteert

De hofstede aan de overkant heette Gunners Farm, naar een artillerieplaats. De begraaf-plaats werd begonnen in juli 1915 door de 9th Essex and 7th Suffolk Regiments (rijen A – c), voortgezet door de 9th Loyal North Lancashire Regt en de 11th Lancashire Fuseliers (rijen D – J) en de 9th Scottish Division (rijen J – Q) en beëindigd door de Royal West Kent en Queen's Royal West Surrey Regiment in mei en juni 1916.

Er zijn 175 gekende graven : Verenigd Koninkrijk : 163, Australië : 2, Nieuw-Zeeland : 1, Zuid-Afrika : 9 en eveneens 4 Duitse soldaten werden hier begraven : onder één zerk rusten Unteroffizier A. Kirchgeorg van Regt. 358 (12 april 1918) en Schaffer (9 april 1918) en twee onbekende soldaten (gans vooraan voor 1 A) : dus in totaal de stoffelijke resten van 179 slachtoffers van de Grote Slachting. Vijf onder hen werden 19 jaar, vier werden 18 jaar en private Christopher Mantel Wren (17) van het 7th Bn Suffolk Regt (2 augustus 1915) is de jongste.   A – 5

De oudsten werden 42 jaar en 43 jaar : Pte J.H. Alston van het 9th Bn The Loyal North Lancashire Regiment (19 januari 1916) in J 8 en Pte John Ernest Hawken van 3rd Regt South African Infantry. (16 mei 1916)   Q – 3

Als officieren tellen wij vier tweede luitenants en één kapitein als hoogste in rang,   nl.:
Capt William Leete (29) van het 11th Bn Lancashire Fuseliers
21 januari 1916   J – 1

In de achtste rij (1 H) rechts zijn er vier graven met elk drie namen van gesneuvelden.
- Earth's lost, heaven's gained, one of the best
  the world contained.
- Being dead to this world, may he live to thee
  o Lord.
- He gave his life out of pure love for his
  country.
- A young life nobly sacrified for others.

Gunners Farm Military Cemetery in Ploegsteert.

- He was taken from our home but not from our heart.

Begin 2000 werden nieuwe meidoornen geplant.

De architect van de begraafplaats is eveneens Major G.H. Goldsmith.

(Royal) Berkshire Cemetery Extension Hyde Park Corner, (Royal Berks) Cemetery - Ploegsteert

(Royal Berks) Cemetery werd aangelegd in april 1915 door het 1st / 4th Royal Berkshire Regiment en werd met tussenpozen gebruikt tot november 1917. Thans rusten er enkel nog twee Berkshire man, nml. Lieutenant

Ronald 'Ronnie' William Poulton - Palmer (25) - in B 11 - die sneuvelde in actie op 5 mei 1915. Hij was een internationale rugbyspeler en meerdere malen kapitein van de Engelse nationale ploeg, de laatste maal in 1914 in Parijs tegen Frankrijk. De epitaaf is volgende:

THIS WAS THE JOY THAT MADE
PEOPLE SMILE WHEN THEY MET HIM
LT S.L. REISS.

De tweede Berkshire -man ligt begraven in B - 13, Pte Frederick William - Giles (17), die dodelijk getroffen werd door granaatsplinters in het Ploegsteertbos op 28 april 1915.

Maar de jongste is met zijn zestien jaar Rifleman Albert French uit Wolverton (Buckinghamshire), geboren op 22 juni 1899. Door zijn jeugdige leeftijd kon hij slechts met enige moeite in 1915 dienst nemen in het King's

Sergeant Samuel Baird (20) van het 2nd Bn Royal Irish Rifles sneuvelde op 24 november 1916 (C - 5). Zijn broer J.C. Baird (17 februari 1917) ligt langs de overkant van de baan begraven in "Extension" op locatie I - O - 1

Het aantal graven bedraagt: Verenigd Koninkrijk : 81; Australië: 1 Canada : 1 en vier Duitse krijgsgevangenen : tegen de muur achteraan Lt Max Seller (Bay. Res. Inf. R. 5 - 24 juni 1915; één onbekende (22 november 1917) en Georg Fuchs (Srgt. 5 Bay. J.R. - 4 november 1917, en verder nog een onbekende Duitser (15 september 1917)

Als gesneuvelde officieren noteren wij twee tweede luitenanten, twee luitenanten, een kapitein en een majoor.

Er zijn hier verschillende regimenten "vertegenwoordigd": Royal Scots, Cameron Hghlanders, Northamptonshire, Cheshire, Oxford & Bucks, Loyal North Lancashire, Lancashire Fusiliers, Royal Irish Rifles.

- He lay down his sword to take up his crown.
- Angels rolled the rock away.
- He died for us in everlasting love. Mother.

Royal (Berkshire) Extension

De 41e divisie die pas aan het front was aangekomen begon deze begraafplaats in juni 1916. Tot september 1917 werden hier de graven aangelegd voor 295 Britten, 51 Australiërs, 45 Nieuw-Zeelanders en drie Canadezen, waaronder twee Britse onbekenden. (perk I)

Royal Rifle Corps. Op 15 mei 1916 belandde hij in de loopgraven te Ploegsteert en hij beschreef het leven aan het front in een reeks brieven aan zijn zus. Toen hij op 15 juni 1916 de top van de loopgraaf met nieuwe zandzakjes verstevigde, werd hij door een salvo getroffen. Hij was één week voor zijn zeventiende verjaardag. B - 2

Rifleman Samuel Mc Bride (74th Brigade - Royal Irish Rifles) werd op 7 december 1916 dicht bij de ingang begraven. (A - 17). Mc Bride was een man die met een slecht karakter door het leven ging. Hij was reeds opgepakt nadat hij "afwezig" was geweest. Dat had hem twee jaar dwangarbeid opgeleverd maar die straf was opgeschort en Mc Bride was terug naar het front gestuurd. Daar deserteerde hij weer en kwam ten gevolge daarvan voor het vuurpeloton op Hope Farm ten noorden van het Ploegsteertbos. De executie werd uitgevoerd door mannen van zijn eigen batallion.

- Lce Cpl Charles Clare   I - N - 28
  3rd Bn 3rd N.Z. (Rifle) Brigade
  30 maart 1917
  Age 48
Clare is de oudste hier

- Pte B. Harrison   I - C - 9
  15th Bn Hampshire Regt
  30 juni 1916
  Age 17
Harisson is de jongste om hier begraven te worden.

Twee broers liggen hier naast mekaar begraven: Riflemen L. Crossley en W. Crossley namen dienst in 1914 in de 21st Bn King's Royal Rifle Corps (Josman's Rifles) en beiden sneuvelden op 30 juni 1916 achter de frontlijn, in een verbindingsloopgraaf en waarschijnlijk door dezelfde granaat   I - E 20/21

- Bombardier W.G. Cooling van Z/41 Trench Mortar Battery werd dodelijk getroffen op 12 juli 1916, toen een granaat bij het afvuren ontplofte.   I - F - 22

Van juni tot herfst 1930 werden hier de graven overgebracht van de Britse gesneuvelden die rustten in Rosenberg Chateau Cemetery and Extension, die op het privaatdomein van kasteelheer Edmond Motte (van de toenmalige brouwerij Motte-Cordonnier uit Armentières) oorspronkelijk aangelegd werd.

Op twee perken II en III (langs de rechterkant van het memoriaal) zijn dit 171 Britten, 145 Canadezen, 126 Australiërs en vijfendertig Nieuw-Zeelanders, met één onbekende.

Overgebracht naar hier van "Rosenberg Chateau Cy." werden onder meer zeven achttienjarigen en twee zeventienjarigen :
- Pte James Brett   III - A - 60
  8th Bn The Buffs

14 mei 1916
  Age 17
en
- Pte Albert Lewis   II - B - 33
  1st Bn Royal Fuseliers
  31 mei 1916
  Age 17
en als oudste onder hen:
- Pte Robert Simpson   III - C - 26
  2nd Bn Seaforth Highlanders
  1 april 1915
  Age 47

- 2nd Lt Kenneth Albertnethy   III - A - 23
  1st Bn 3rd (NZ) Rifle Brigade
  16 augustus 1917
  Age 22
Albertnethy had een broer die ook sneuvelde aan het Westelijk front

Onder de officieren tellen wij zeven tweede luitenanten, vier luitenanten en vier kapiteins.

- 19 years - short but crowned
- A mother's heart is buried with her dear soldier son.

Het "Ploegsteert Memorial" ("Plug Street" voor de Britse soldaten) heeft de vorm van een brede bedekte cirkelvormige zuilenrij of "colonnade" - diameter 22 m x hoogte 12 m) en draagt de namen van 11.372 Britse vermiste soldaten, waaronder 13 Zuid-Afrikanen). Het heeft betrekking op de wapenfeiten tussen de lijn Caestre - Dranouter - Warneton in het Noorden, tot de lijn Haverskerque - Estaire - Veurne in het Zuiden met als bijzonderste kenmerken de plaatsen Haezebrouck, Neuville, Bailleul en Armentières, het woud van Nieppe en het Ploegsteertbos. Het beslaat de periode van aankomst in dit gebied in 1914 tot aan de Wapenstilstand, van het IIIe korps.
Het monument van de hand van beeldhouwer Sir Gilbert Ledward, werd gebouwd naar de

Het Hydepark memorial in Ploegsteert. Het voor hen onuitspreekbare Ploegsteert werd door de Britten tot "Plug Street" verbasterd...

plannen van H. Charlton Bradshaw. Het werd op 7 juni 1931 ingehuldigd door de Hertog van Brabant, de latere Koning Leopold III.

Drie vermiste VC's worden hier herdacht :

- Sapper William Hackett   paneel 1
  254th Tunnelling Coy Royal Engineers
  27 juni 1916
  Age 34

- Private James MacKenzie   paneel 1
  2nd Bn Scots Guards
  19 december 1914
  Age 27

- Captain Thomas Pryce   paneel 1
  MC and bar (= dubbele Military Cross)
  4th Bn Grenadier Guards   31st Division
  13 april 1918
  Age 32

-Zesentwintig zeventienjarigen, zeven zestienjarigen komen voor op de namenlijsten, evenals één vijftienjarige :
- Pte Sidney Wyllie   paneel 10
  1st / 1st Bn London Regt.
  Royal Fusiliers
  9 mei 1915
  Age 15

- De oudste vermiste werd 57 jaar :
- Pte James O'Neill   paneel 5
  "A" Coy - 2nd Bn
  Royal Inniskilling Fusiliers
  31 oktober 1914
  Age 57

- Capt William Askham   paneel 11
  Army Cyclist Corps
  11 april 1918
  Age 23
  William Askham sneuvelde in actie bij Estaires

(Nord). Zijn broer Sydney Thomas sneuvelde eveneens in de Ieperboog.

-Major John Stuart Chalmers   paneel 9
  9th Bn
  Glasgow Highlanders
  Highland Light Infantry
  Age 36

Stuart Chalmers was één van zes broers waarvan drie sneuvelden en die de Grote Oorlog meemaakten aan het front.

- Lieutenant the Hon. Felix Charles Hubert
  Hanbury - Tracy   paneel 1
  2nd Bn Scots Guards
  Age 30

Felix Charles Hubert Hanbury - Tracy was de zoon van de 4e baron Sudeley.

- Second Lieutenant Edward Mason   Paneel 7
  3rd Bn attd. 2nd Bn
  Northamptonshire Regt
  A.R.C.M. London
  Age 36

Edward Mason was 17 jaar lang de hoofdcellist van het Royal Albert Hall Orchestra in het muziekcorps van Eton College, en stichter - orkestleider van het Edward Mason koor.

- 2nd Lt John Maclean Matheson (29) was stafjournalist van de Londense "The Daily Telegraph"   paneel 1

Drie soldaten, die geëxecuteerd werden voor desertie en wiens graf achteraf door artillerievuur verloren ging, waren :

- A. Pitts   paneel 2
  2nd Royal Warwickshire
  22nd Brigade, 7th Division
  8 februari 1915

Pitts sloeg op de vlucht toen zijn batallion op 24 oktober 1914 in een artilleriebeschieting bij Zonnebeke terechtkwam. Toen hij op 12 januari op een boot naar Engeland poogde te geraken werd hij ingerekend. De krijgsraad veroordeelde hem tot de kogel. Het vonnis werd uitgevoerd in de Rue Bataille nabij Sailly-sur-la-Lys.

-Thomas Hope   paneel 10
  2nd Leinsters
  17th Brigade, 6th Division
  2 maart 1915
  Age 20

Hope was in september 1914 bij de Leinsters gekomen en stapelde al snel een reeks straffen voor dronkenschap, bevelweigering en "*afwezig zonder toelating*" op. Toen hij aan het front was kreeg hij op 23 december de opdracht om in de achterste gelederen voorraden te gaan ophalen. Hij greep de gelegenheid aan om te deserteren. Op 9 februari liep hij in Armentières tegen de lamp en werd aangehouden toen hij rondparadeerde in het uniform van de militaire politie (!). Op zijn proces verklaarde hij dat hij was gevangengenomen door een Duitse patrouille toen hij met de voorraden terugkeerde naar zijn eenheid. Hij zou de Duitsers ontsnapt zijn en opgepakt net toen hij zich terug bij zijn eenheid wou voegen. De krijgsraad slikte het verhaaltje niet en Hope kreeg de kogel.

-Archibald Browne   paneel 7
  2nd Essex
  12th Brigade, 4th Division
  19 december 1914
  Age 26

Browne had de opening van de Eerste Wereldoorlog meegemaakt en de ganse terugtocht van het Engelse leger dat de Belgen was ter hulp gesneld vanuit Bergen in augustus 1914 meegemaakt. Hij deserteerde toen hij een soldaat naar een hulppost bracht en wisselde zijn militair plunje voor burgerkleren. De Franse politie snapte hem toen hij een leegstaand huis in Hazebrouck binnendrong. Op 9 december kwam hij voor de krijgsraad op beschuldiging van desertie en plundering. Ook Browne kloeg net zoals Hope dat hij door de Duitsers was gevangen genomen en net was ontsnapt toen hij werd aangehouden. Het verhaal maakte geen indruk op de krijgsraad en het doodsvonnis werd al snel uitgesproken. Hij was de vierde terechtgestelde in de Oorlog en de laatste in 1914.

Lancashire Cottage Cemetery, Ploegsteert
De "cottage", waaraan de begraafplaats haar naam ontleent, is na de Oorlog herbouwd geworden. De begraafplaats werd begonnen door de 1st. East Lancashires (die 84 graven hebben) en de 1st Hampshire (met 56 graven) in november 1914. Ze is gemakkelijk te vinden vanuit Ieper in Ploegsteert dorp links in de Rue de Ploegsteert.

Het was een frontbegraafplaats tot maart 1916 en af en toe ook later. Het terrein was in Duitse handen van 10 april tot 29 september 1918. De definitieve uitbouw gebeurde met voor het Verenigd Koninkrijk 228 graven plus 3 onbekenden, Australië 23 en Canada 2.

Daarnaast zijn er nog dertien Duitse gesneuvelden waaronder één onbekende

- Stephan Bednarski
  10 april 1918   -   II - G - 5
- Ernst Berscheid
  13 april 1918   -   II - G - 8
- Johann Hass
  13 april 1918   -   II - G - 7
- Arthur Knofel
  14 april 1918   -   II - G - 10
- Otto Kugler
  28 april 1918   -   II - G - 3
- Wilhelm Lyszus
  14 april 1918   -   II - G - 9
- Anton Piontek
  12 april 1918   -   II - G - 12
- Gustav Schonrage
  12 april 1918   -   II - G - 11
- Josef Troesch
  15 april 1918   -   II - G - 15
- Philipp Weber
  29 april 1918   -   II - G - 1
- Johannes Witt
  12 april 1918   -   II - G - 6
- Emil Ziegenhagen
  10 april 1918   -   II - G - 4

Er zijn drie zeventienjarigen waaronder:
- Bugler Morgan Dudley   II - D - 7
  "D" Coy 15th Bn Can. Inf.
  Central Ontario Regt
  29 september 1915
  Age 17
  Morgan Dudley was klaroenblazer.

maar ook één zestienjarige als jongste :
- Pte Harold Stenner   I - F - 8
  "D" Coy - 1st / 4th Gloucestershire Regt
  1 mei 1915
  Age 16

De oudste is:
- Private Charles Holiday   I - E - 8
  1st Bn East Lancashire Regiment
  26 januari 1915
  Age 46

Er liggen hier dertien officieren begraven : 3 2nd Lts (w.o. één negentienjarige), 5 lts (w.o. eveneens één negentienjarige) en 5 captains. Zeven onder hen dienden in de East Lancashire Regiment.

- My son liveth
  Our God reigneth – Mother –
- A day of remembrance
  Sad to call

De architect van de begraafplaats is W.H. Cowlishaw, met supervisie door Charles Holden.

La Plus Douve Farm Cemetery, Ration Farm (La Plus Douve) Annexe, Ploegsteert

In de vallei van de Douve lagen twee belangrijke (na W.O. I heropgebouwde) hofsteden; "La Plus Douve" en "La Petite Douve". Deze laatste was het onderwerp van een goed georganiseerde loopgravenraid door het 7[e] Canadese Infantry Bn in November 1915, (en in haar weide werd door de Duitsers in 1916 een Britse mijngang ontdekt). De lokale bevolking kent deze hofstede onder de naam "Basse – Cour".

"*La Plus Douve*" lag meestal binnen de Britse linies en werd dikwijls gebruikt als bataljonshoofdkwartier. Rantsoenen konden 's nachts aangevoerd worden, vandaar de naam *Ration Farm* voor de tweede (dichtbijgelegen) begraafplaats.

"La Plus Douve Farm Cy " werd begonnen in april 1915 door de 48th (South Midland) Division en bleef in gebruik tot mei 1918, achteraf door de Duitsers die de plaats innamen eind april. Het aantal graven bedraagt : Verenigd Koninkrijk : 101; waaronder 1 onbekende in III – c – 22; Canada : 88; Australië : 86; Nieuw-Zeeland : 61 en 9 Duitse soldaten.

De Canadese graven dateren van 1915 en zijn allen van de mannen van de 1[e] divisie, die deze sector hielden na de gevechten in Kitchener's Wood en te St-Juliaan, gedurende de tweede slag bij Ieper. De Nieuw-Zeelandse graven zijn het gevolg van de Mijnenslag van juni 1917. De Australische graven dateren van februari en maart 1918. Er liggen ook negen Duitse soldaten in IV-A, IV-B, IV-D en VI-6.

Naast veertien negentienjarigen liggen hier twee achttienjarigen begraven:
- Pte A. Graham   II – B – 3
  Lord Strathcona's Horse

5 augustus 1915
Age 18

- Trooper Ernest Wilson   II – C – 12
  "C" Sqn. – Royal Canadian Dragoons –
  1 oktober 1915
  Age 18

maar de jongste is 16 jaar:
- Pte Robert Watson   III – D - 5
  30th Bn Australian Inf.
  24 maart 1918
  Age 16

De oudste met 50 is:
- Pte E. Charles   I – C – 18
  13th Bn Canadian Inf. (Quebec Regt)
  20 januari 1916
  Age 50

- Pte Angelo Gill   IV – E – 5
  2nd Bn Auckland Regt.
  7 juni 1917
  Age 21
Angelo Gill was de kapitein van de Otahuhn Football Club en had reeds meerdere medailles als scherpschutter gewonnen.

- Pte R. Knight Cuthbert   II – B – 7
  2nd King Edward Horse
  7 juli 1915
  Age 47
Knight Cuthbert was een Engelsman die was uitgeweken naar Amerika. Op zijn grafzerk staat:

FROM AMERICA HE CAME
ON HOMELAND'S DUTY CALL

Onder de officieren (twee tweede luitenanten, vier luitenanten, vier kapiteins en een majoor) vermelden wij de zoon van Sir Harry Atkinsons, de eerste minister van Nieuw-Zeeland:
- Capt. Samuel Arnold Atkinson IV – E – 12
  "D" Coy., 2nd Bn 3rd N.Z. (Rifle Brigade)

5 juni 1917
Age 43

-The brave do not die but their deeds live for evermore.
- O lamb of God I come.
- Until the daybreak and the shadows flee away.
Salomon's song 4 – 6 .
- Content – R.I.P. – Mother.

Ration Farm (La Plus Douve) Annexe

Ration Farm werd in januari 1915 begonnen door het 2nd Bn Manchester Regiment en was in gebruik tot januari 1918. Na die datum werden hier geen graven mee bijgevoegd, maar wel op La Plus Douve Farm Cy.

Hier liggen 186 Britten (waaronder negen onbekenden) ,twaalf Australiërs, vier Nieuw-Zeelanders, één van wie de nationaliteit onbekend is, en een Duitse krijgsgevangene (Unteroffiz. Bernh. Hedrich van I.R. 450 – 24 april 1916 – in I-A-10)

Het eerste graf dat op 11 april 1915 werd aangelegd is dat van Pte H. Bates van het 2nd Bn Manchester Regiment die sneuvelde op die dag (I – A – 8).
De meeste graven dateren van 1915 – 16, enkele van 1917 en de laatsten door Australische eenheden in januari 1918.

De meeste gesneuvelden zijn van Ierse regimenten en bataljons van de 36ᵉ Ulster divisie uit augustus – september 1916 ten gevolge van hun zware verliezen te Thiepval (Somme). Er liggen hier ook gesneuvelden van het 2nd Bn Leister Regiment, van de 24ᵉ Divisie, die hier begin 1916 was, waaronder twee drummers, M. Morrissey – 5 april 1916 en A. Murphy – 17 april 1916 in II – C - 17 en II – C – 13.

Wanneer de Duitsers op 17 juni 1916 de Britse loopgraven met gasgranaten bestookten, stikten vele soldaten van het 9th Bn Royal Regiment. De laatste soldaat die hier begraven werd, was pte V.T. Stone van het 12th Bn AIF, die op 16 januari 1918 verdronk in de Douvebeek. III – B - 19

Le Touquet Railway Crossing Cemetery in Warneton

De jongste op dit kerkhof is:
- Pte W. Godfrey   II – C - 19
  2nd Bn Leinster Regt.
  3 april 1916
  Age 18

En de oudste :
- Rifleman David Thomas   III – B – 7
  15th Bn Royal Irish Rifles
  10 augustus 1916
  Age 43

- Through the gates into the city
- Somewhere in France they laid you.
  May God have mercy on your soul
- My duty done I rest in Christ

De architect van deze begraafplaatsen is W.H. Cowlishaw, eveneens met supervisie door Charles Holden.

Le Touquet Railway Crossing Cemetery, Warneton

De begraafplaats werd aangelegd in oktober 1914 in de noordwesthoek van de tramlijn van Armentières naar Warneton en de baan van le Bizet naar Frélinghien, dichtbij het toenmalig station van Le Touquet en werd gebruikt tot juni 1918. De steenbakkerij is vlakbij.

Onder de 71 graven uit het Verenigd Koninkrijk zijn er 23 onbekenden, drie zerkjes dragen als opschrift: "Known to be buried in this cemetery." Achtentwintig soldaten van de 1st Rifle Brigade gevallen in oktober en november 1914 rusten hier.

-De jongste is:
- Pte T.H. Woolley   I – F - 1
  Nottes & Derbyshire Regiment
  13 mei 1915
  Age 17

- Capt. Selwyn Lucas Tooth   I – A – 10
  The Lancashire Fusiliers
  20 oktober 1914
  Age 35

Op zijn grafzerk staat:

> BORN MARCH 19TH1879
> KILLED IN ACTION IN
> TOUQUET FLANDERS

- Capt. P.B. London   I – A – 8
  Royal Lancaster Regiment
  21 oktober 1914.
  Age 31

- Capt. George Docker   I – A – 11
  The Royal Fusiliers
  17 november 1914
  Age 37

Als epitaaf koos de familie :

> A GOOD LIFE HATH BUT FEW DAYS
> BUT A GOOD NAME
> ENDURETH FOR EVER

Er is één Davidster onder de graven :
- Rifleman K. Knowles   I – C - 4
  The Rifle Brigade
  2 november 1914

- Here lies our dear son & brother
  far from home
  May he rest in peace.
  Age 31.

De architect van deze begraafplaats is Major G.H. Goldsmith.

London Rifle Brigade Cy., Ploegsteert

De 4e Divisie begon deze begraafplaats (die zich bevindt rechts langs de baan van Ploegsteert naar Le Bizet) in december 1914. Ze was in gebruik voor veldambulances tot april 1918. De plaats was in handen van de Duitsers van 10 april 1918 tot 29 september 1918. De gesneuvelden behoren tot : Verenigd Koninkrijk 262 plus één onbekende, Australië : 38, Nieuw-Zeeland : 34, 9 bekende en 9 onbekende Duitse soldaten (in IV – D).

Een speciale gedenkplaats, in de muur van het schuilhuisje aangebracht, werd in juni 1927 onthuld door Lt Gen. Sir. H. Wilson van de 4ᵉ Divisie. Naast de begraafplaats ligt de droge Warnavebeek.

De twee jongsten hier zijn zeventien
- Priv. Arthur Greenway   II – C – 23

Motor Car Corner Cemetery in Ploegsteert.Op de achtergrond de kerk van Le Bizet.

10th Bn The Queen's
Royal West Surrey Regiment
29 juni 1916
Age 17
en
- Lance Corp. Francis Parr   II – A – 35
8e Bn South Lancashire Regiment
24 juni 1915
Age 17

Onder de zes tweede luitenanten, die hier begraven werden had Thomas Thompson (23)
van het 3e Auckland Regiment het zeldzame
MSM (meritorious service medal) ereteken
voor verdienste.   IV – C – 18

- Years roll by and still we miss you
Age 38

De architect van London Rifle Brigade
Cemetery is von Berg onder supervisie van
Charles Holden.

Motor Car Corner Cemetery, Ploegsteert
Motor Car Corner Cemetery ligt op de weg
naar Frélinghien, op het einde van de Dreve
"de Rabecque". Ze is te bereiken via de witte
weg, rue Blanche, links 2 km over Ploegsteert
richting Le Bizet. Dit was het verste punt tot
waar Britse legervoertuigen mochten rijden.
Vandaar de naam Motor Car Corner.

De begraafplaats werd in juni 1917 na de
mijnenslag van Wijtschate – Mesen begonnen
en de activiteiten stopten in maart 1918 door
een Duitse opmars.

Er zijn hier in totaal 132 graven:
Verenigd Koninkrijk 36 plus 2 onbekenden,
Australië 9, Nieuw Zeeland 81 plus 3 onbeken-
den en 1 Duitser De Duitser is Viz-Feldwebel
Otto Gaertner die op 26 juni 1918 sneuvelde.(I
– C – 29)
Er liggen hier vier negentienjarigen als jong-
sten:

- Private Neil McFadgen   B 26
  3rd Bn Otago Regiment N.Z.E.F.
  31 augustus 1917
  Age 19

- Private Benjamin Ridgway   A 30
  2nd Bn Devonshire Regiment
  15 september 1917
  Age 19

- Lance Corporal R. Robinson   C 1
  2nd / 4th Bn
  The Loyal North Lancashire Regiment
  11 juni 1917
  Age 19

- Private Thomas Scott   D - 10
  3rd Bn Auckland Regiment N.Z.E.F. –
  11 juli 1917
  Age 19
Thomas Scott stierf aan een ziekte

- Onder de "ouderen" is er één veertigjarige, één tweeënveertigjarige en één vierenveertig-jarige, maar de oudste was 52 jaar. :
- Private Peter Buchanan   D - 17
  3rd Bn Auckland Regt.
  14 juli 1917
  Age 52

-Twee broers sneuvelden "in actie" op de-zelfde dag en liggen ook broederlijk naast mekaar begraven.
- Pte Allan Holz   A- 15
  3rd Bn Wellington Regt. N.Z.E.F.
  13 juni 1917

- Pte Ernest Holz   A-16
  3rd Bn Wellington Regt. N.Z.E.F.
  13 juni 1917

Als officieren liggen hier begraven :
- 2nd Lt Ernest Cornford   C - 16
  2nd Bn Canterbury Regt. N.Z.E.F.

  7 juli 1917
  Age 37

- 2nd Lt W.H. Dickson   A – 1
  2nd / 4th Bn
  The Loyal North Lancashire Regt.
  10 juni 1917

- Captain William Forsyth   C – 28
  56the Bde Royal Field Artillery
  27 juni 1918
  Age 23

- He gave up his cross for a crown
- Make him to be numbered with thy saints in glory overlasting
- Passed from the shell swept field of France to the calm and peace of paradise

De architect was ook hier Major G.H. Gold-smith.

Mud Corner British Cemetery, Warneton
Mud Corner was de naam van een straat aan het noordelijk einde van het Ploegsteertbos, ongeveer 300 m van Prowse Point. Mud Cor-ner British Cemetery werd gebruikt van 7 juni 1917 (wanneer de Nieuw-Zeelandse Divisie Mesen innam) tot december 1917. Vooral Nieuw-Zeelanders (53) liggen hier begraven – waaronder één onbekende in II – E – 4, 31 Australiërs en één onbekende soldaat uit U.K. in II – B – 6. Bij de Australiërs zijn er veel "diggers" (tunneldelvers) uit de 9e Brigade, bij de Nieuw-Zeelanders veel Gallipoli – strijders.

- Pte Walter Cartwright   II – A – 4
  2nd Bn Otago Regt. N.Z.E.F.
  3 augustus 1917
  Age 18
Walter Cartwright was de jongste om hier begraven te worden. De oudste is met 56 jaar:
- Pte Edward Breach   II – C - 6
  2nd Bn Wellington Regt. N.Z.E.F.

86

Mud Corner British Cemetery, Warneton

26 juli 1917
Age 56
Edward Breach was een Gallipoli-veteraan

Vier tweede-luitenanten rusten hier, drie Nieuw-Zeelanders en een Australiër.

De beplanting bestaat o.a. uit twee moeras-cypressen. De architect is Major G.H. Goldsmith

- Another hero gone to rest,
  They miss you most who loved you best.

Ploegsteert Wood My Cy - Ploegsteert

Deze begraafplaats, die midden in het Ploegsteertbos ligt, werd uitgebreid met meerdere regimentsbegraafplaatsen. Perk II was origineel de Somerset Light Infantry begraafplaats in december 1914. Het 1e Bn van dit regiment heeft 32 graven, en verder 10 in perk I.

Perk IV, de Bucks. begraafplaats, werd aangelegd door het Buckinghamshire Bataljon - O.B.L.I. - in april 1915. Elf van de 20 graven zijn van O.B.L.I.

Perk III bevat 16 graven van de 1/5 th Gloucesters uit april - mei 1915. In perk III en IV legde de 8th Loyal North Lancashire 12 graven aan oktober - december 1915. Naar de naam van een nabijgelegen loopgracht is dit Canadian Cemetery, Strand. De Nieuw-Zeelandse divisie gebruikte eveneens deze begraafplaats die in Duitse handen was van 10 april tot 29 september 1918 - voor 18 graven.

Het aantal graven bedraagt: 118 Britse, 28 Canadese, 18 Nieuw-Zeelandse en 1 Australische. Twee onder hen zijn onbekend.

Er zijn drie achttienjarigen waaronder:
- Pte Arnold Winger   III - D - 1
  3rd Bn Can. Inf.

1st Centr. Ontario Regt
23 september 1915
Age 18

De oudsten:
- Lce Cpl W. Irving   III - D - 2
  4th Bn Can. Infantry
  1st Central Ontario Regiment
  23 december 1915
  Age 42
en
- Cpl Peter Meek   I - D - 6
  1st Bn Canterbury Regt
  19 juli 1917
  Age 45

- to have, to love and then to part
  is the saddest story of a mother's heart

De architect van Ploegsteert Wood is W.H. Cowlishaw

Prowse Point Military Cemetery, Warneton
Deze Britse begraafplaats is gelegen in de wijk St.-Yvon. Wanneer men van Mesen naar Ploegsteert rijdt, vind men het kerkhof links voor het bereiken van de Huttebossen, in de Huttebergweg. Het is het enige in de Ieperboog, dat de naam draagt van een militair. Brigadier – General C.B. Prowse – DSO – van de Somerset Light Infantry sneuvelde in juli 1916 in de Sommeslag, wanneer hij de 11th Infantry Brigade ten strijde voerde. Hij ligt begraven in Louvencourt Military Cemetery. Prowse Point Military Cemetery werd begonnen door de 2nd Royal Dublin Fusiliers en de 1st Royal Warwicks in november 1914. Het werd gesloten in november 1918.

De Royal Warwicksers liggen begraven in perk I

Het aantal graven bedraagt: Verenigd Koninkrijk: 158 plus een onbekende, Australië : 13, Canada : 1, Nieuw-Zeeland : 42, Duitsers : negen plus drie onbekenden.

De enige Canadees is -:
- Private W. Davis   I – F – 14
  10th Bn Canadian Infantry
  25 februari 1915
Zijn eenheid was pas aan het front aangekomen en hij was hun eerste slachtoffer.

In perk III liggen meerdere 2nd Royal Berkshires, met onder andere Regimental Sergeant Major J. Campbell en Sergeant W.A. Connor DCM (Distinguished Conduct Medal), die beiden sneuvelden in de eerste frontlijn voor Warneton op 15 oktober 1917. Connor had ook het Franse Croix de Guerre verdiend.
       III – A – 4 en 7

De Duitse gesneuvelden liggen allen begraven op een afzonderlijk perkje :

Vizefeldwebel Wilhelm Klemmer (I.R.70) – 10 april 1918 – H. Polzner en een onbekende Duitse soldaat.
Lt Walter Schmock (R.I. Regt. 67) – 10 april 1918 – en twee onbekende Duitse soldaten.
Peter Schumann, Otto Kemmer, Paul Dreher (I.R. 70) – 11 april 1918
Otto Willamowski – F.A.R. 31 – 10 april 1918.

De jongste slachtoffers waren 18 jaar. :
- Pte J. Connolly   I – D – 9
  2nd Bn Royal Dublin Fusiliers
  6 januari 1915
  Age 18

- Pte J. Goodhead   I – C – 13
  1st Bn Royal Warwickshire Regiment
  20 december 1914
  Age 18

- Pte T. Leonard   I – E – 12
  2nd Bn Royal Dublin Fusiliers
  26 februari 1915
  Age 18

De twee oudsten werden 44 jaar :
- Rifleman John Grant   IV – A – 1
  2nd Bn 3rd N.Z. Rifle Brigade
  12 augustus 1917
  Age 44

- Pte John Mc. Guire   II – C – 6
  2nd Bn Royal Dublin Fusiliers
  20 november 1914
  Age 44

Eén van de vijf 2nd Lt die hier werden begraven was Second Lieutenant C. Cooke (20) van de 2nd Bn Rifle Brigade, die sneuvelde op 21 september 1917. Op 17-jarige leeftijd kwam hij uit Valparaiso, Chili naar Engeland om er dienst te nemen in King's Edward's Horse.

                     III – B – 23

Prowse Point Military Cemetery, Warneton. De graven van Sapper A.E. Nurse en G. Jones van het Australian Engineers op locatie II-B

-Een andere Second Lieutenant was een Maori:
- Autini Pitara Kaipara   III – A – 26
  4 augustus 1917
  Age 30

- 2nd Lt Claude Matheson   III – C – 8
  5th Attd. 2nd Bn Rifle Brigade
  23 september 1917
Claude Matheson was een leraar aan het Llandovery College.

-Verder liggen hier nog één luitenant en één kapitein begraven.

Begin januari 2000 vond een amateur-archeoloog en historicus uit Warneton de stoffelijke resten van de 29-jarige private Harry Wilkinson van het 2nd Bn Lancashire Fusiliers. In de nacht van 9 op 10 november 1914 stierf Wilkinson aan de verwondingen die hij had opgelopen tijdens een stormloop op de Duitse stellingen in Warneton. Op dit ogenblik staat hij als vermist vermeld op paneel 4 van het Ploegsteert Memorial maar hij zal waarschijnlijk op Prowse Point Cy officieel begraven worden.

-Jamás te olvidaremos
  Age 20
(Spaans : Wij zullen je nooit vergeten)
-We shall meet in a better place
  where parting is no more. Mother

Een deel van de graven werden aangelegd bovenop een Duitse bunker. Waar nu de drinkbak is was er ook een loopgraaf.
(architect: W.H. Cowlishaw)

Rifle House Cemetery, Ploegsteert
Rifle House was een versterkte Britse positie in het bos en waarvan geen sporen meer zijn

Rifle House Cemetery, Ploegsteert

overgebleven. De begraafplaats, die een zeer onregelmatige vorm heeft, ligt een weinig Zuid-west van Ploegsteert Wood Military Cemetery. Beide plaatsen waren in Duitse handen van 10 april tot 29 september 1918.

De eerste graven zijn van de 1st Rifle Brigade van de 4ᵉ divisie in perk IV, rij E tot J - begonnen in november 1914 - en de laatsten dateren van juni 1916. De stoffelijke resten van 229 soldaten en officieren uit het Verenigd Koninkrijk waaronder twee onbekenden en van één Canadees werden hier bijgezet.

- Rifleman Reuben Barnett (IV - E - 10) is met zijn 15 jaar de jongste. Hij was van Joodse afkomst en diende in het 1st Bn The Rifle Brigade en sneuvelde op 15 december 1914 tijdens de aanval van de 1st Bn Rifle Brigades, de 1st Somersets en de 1st Hampshires (allen van de 11ᵉ Brigade) op de versterkte Bird Cage

positie. Er vielen 250 doden en gewonden, en de aanval was een volledige mislukking.

In de rij achter hem ligt Rifleman E. H. Cohn (19) van de Rifle Brigade die op 19 december 1914 sneuvelde, begraven. Cohn is een bekende Joodse godsdienstige familie. Zijn grafschrift luidt :

MAY GOD REST HIS DEAR SOUL

- Private John (Jack) Machin   II - A - 2
  7th Bn Norfolk Regt.
  19 september 1915
  Age17

- Rifleman Thomas Stapleton   IV - E - 1
  1st Bn The Rifle Brigade
  10 december 1914
  Age 45

Ook drie adellijke officieren liggen hier.

- Captain The Hon.
            Francis Reginald Dennis Prittie
 1st Bn The Rifle Brigade
 19 december 1914
  Age 34
Dennis Prittie was de zoon van de 4e Baron en Barones Dunnalley, uit Co. Tipperary. Hij kreeg twee bijzondere vermeldingen, evenals het "Légion d'Honneur …". Hij was assistant commissioner in de Uganda Boundary Commission van 1910 tot 1914.   II - C - 1

St. Quentin Cabaret Military Cemetery, Ploegsteert

Deze begraafplaats werd (op ongeveer 500 m. van Kandahar Farm My Cy) door de 46th (North Midland) Division in februari 1915 begonnen rechtover het café met dezelfde naam (perk I – rijen E en F) Het herbouwde café is sinds vele jaren een private woning.

De graven van begin 1915 zijn vooral van de 1/5 th en van de 1/6th Bns South Staffordshire Regt maar tussen hen ligt de 28-jarige Private James Bremner van "A" Coy 2nd Bn Royal Scots, die in Mesen op 16 november 1914 voor de aanleg van deze begraafplaats sneuvelde. Zijn stoffelijke resten werden achteraf naar hier gebracht.   I – G - 11

St. Quentin Cabaret Military Cemetery werd verder ook gebruikt door andere eenheden en twee graven werden bijgebracht in september 1918, na de Duitse aftocht.
De begraafplaats telt 462 graven, van het Verenigd Koninkrijk : 316 (waaronder één onbekende in II – L – 18 en 80 Royal Irish Rifles van de 36e Ulster Division), Canada : 68 (in perk 1 – rij C rusten 18 1st Bn Canadian Infantry man die sneuvelden op 13 oktober 1915 aan Petit Douve Farm), Australië : 7, Nieuw-Zeeland : 64 en vijf onbekenden, van wie de nationaliteit onbekend is en 2 Duitsers.

- Pte Ewart Barratt   I – E – 17
 6th Bn S. Staffordshire Regiment
 27 mei 1915
 Age 16
Barratt is de jongste

Onder de zeven achttienjarigen kwam sapper (delver) Clarence Marshall van het 8th Bn Canadian Rly. Troops op 6 september 1917 door verdrinking om het leven   II – H - 3

Onder de 9 luitenanten, die hier rusten, vermelden wij:
- Lt Joseph Bowyer   II - E - 8
 21st Bn Canadian Inf. (Eastern Ontario Regt)
 9 juni 1917
 Age 50
Bowyer was met zijn 50 jaar de oudste.

-Lce Cpl William Macmaster   I – C – 29
 10th Bn Royal Irish Rifles
 13 oktober 1916
 Age 27
William Macmaster werd geboren in Belfast en woonde in de Verenigde Staten. Hij kwam terug naar Ierland bij het uitbreken van de oorlog en nam dienst in de Ulster Division begin 1915.

- My dear son lives in my memory still and will for evermore. R.I.P.
- I shall meet him some fine morning in the upper garden there
  From mother and dad

De architect van St. Quentin Cabaret Military Cemetery was W.H. Cowlishaw, met supervisie door Charles Holden.

Strand Military Cemetery, Ploegsteert

De "Strand" was een loopgracht vanaf de Mesenstraat in Ploegsteerttot tot Ploegsteertbos. Ze werd door het Britse leger "Charing

Cross" genoemd, In oktober 1914 werden dichtbij een vooruitgeschoven verbandplaats, twee soldaten begraven. De begraafplaats werd verder niet gebruikt tussen oktober 1914 en april 1917, maar daarna werden tot juli 1917 deperken 1 tot 6 aangelegd met 351 graven, waarvan 232 Australische.

Perken 7 tot 10 kwamen na de Wapenstilstand door de concentratie van 777 graven van kleine nabijgelegen begraafplaatsen en van de slagvelden tussen Wijtschate en Armentières tot stand De plaats was in 1918 enkele maanden in handen van de Duitsers maar werd door hen niet gebruikt voor begravingen.

Strand Military Cemetery bevat de graven van 725 soldaten en airmen van het Verenigd Koninkrijk, 284 soldaten uit Australië, 87 uit Nieuw-Zeeland, 26 uit Canada, 1 uit Zuid-Afrika en 11 Duitse soldaten. Onbekenden 354, te weten 330 U.K., 11 Australiërs, 10 Canadezen en 3 Nieuw-Zeelanders.

Enkele graven in perken 7 en 10 worden "collectieve" graven en geen "individuele" graven genoemd, want de zerkjes dragen bovenaan de vermelding "*Buried near this spot*" – liggen hier "ergens" begraven. Speciale gedenksteken vermelden ook de namen van 13 soldaten van het Verenigd Koninkrijk en één Nieuw-Zeelander, die in vier concentratiebegraafplaatsen werden bijgezet, maar wiens individueel graf verloren ging door artilleriebeschietingen.

- Pte James Grace (29) van het 1st Bn Leinster Regt kwam door verdrinking om het leven op 12 juni 1915   X – 1 - 8

Onder de 40 negentienjarigen was er een brilliant student; Lt Anthony Roberts van de 2nd Bn Royal Inniskilling Fusiliers. Roberts was gedurende drie opeenvolgende jaren "Victor ludorum" (primus inter pares) aan het Ardingly college in Sussex. Hij sneuvelde op 21 oktober 1914 en werd begraven op Ploegsteert Wood New Cemetery, in de zuidoosthoek van het bos samen met achttien strijdmakkers die allen omkwamen in oktober 1914 bij gevechten om het nabijgelegen gehucht Le Gheer. Roberts staat vermeld op het Ploegsteert Wood New Cemetery memorial, dat naast het Le Bizet convent memorial, het Warneton Churchyard memorial en het La Basse-Ville German

Strand Military Cemetery, Ploegsteert

Cemetery memorial direct aan de ingang rechts langs de muur. Dat waren drie van de negen kleinere begraafplaatsen, die achteraf in Strand My Cy geïntegreerd werden.

Er zijn acht achttienjarigen. Twee zeventien-jarigen zijn:
- Private Hector Hindmarsh   V – A - 12
  37ᵉ Bn Australian Inf.
  8 juni 1917
  Age 17

Hector Hindmarsh overleed aan de verwondingen die hij daags voordien had opgelopen ten Zuiden van Mesen aan de Douve

- Gunner William Ray   III – D - 7
  156ᵉ Heavy Bde Royal Garrison Artillery
  3 juni 1917
  Age 17

-De twee jongsten zijn zestien jaar :
- Private Thomas Morgan   IX – G - 10
  13ᵉ Bn Canadian Inf. (Quebec Regiment)
  5 juli 1915
  Age 16

- Sapper Daniël White   IX – M – 2
  1st Tunnelling Coy Canadian Engineers
  Age 16

-De oudste onder hen werd 48 en kwam uit New Plymouth in Nieuw-Zeeland:
- Rifleman Charles Egdecombe   V – D – 8
  1ᵉ Bataljon 3ᵉ New Zealand (Rifle Brigade)
  23 juni 1917
  Age 48

De eerste Canadese officier die sneuvelde was:
- Lt D.P. Bell-Irving   X – H –9
  2nd Field Company Canadian Engineers
  26 februari 1915

Tancrez Farm Cemetery, Ploegsteert

Strand Military Cemetery werd ontworpen door architect W.H. Cowlishaw, onder supervisie door Charles Holden

Tancrez Farm Cemetery, Ploegsteert

De hofstede 'Tancrez", in de Rue du Touquet, was gedurende de oorlog een hulppost. Er zijn in totaal 335 graven : Verenigd Koninkrijk : 301 plus 6 onbekenden, Australië : 19, Nieuw-Zeeland : 3, Zuid-Afrika : 4 en 2 Duitsers w.o. één onbekend. De begraafplaats werd geopend in december 1914 en gesloten in maart 1918.

Er zijn twee graven van zestienjarigen:
- Pte Elias Ratcliffe   II – D – 10
  11th Bn Cheshire Regiment
  10 februari 1917
  Age 16
Ratcliffe diende onder de naam G. Griffiths.

- Pte J. H. Williams   I – F – 2
  2nd Regt South African Infantry
  23 mei 1916
  Age 16
Epitaaf :
  TO MEMORY OVER DEAR

Er zijn twee zeventienjarigen :
- Lance Corporal J. Bohill   I – G – 12
  2nd Bn Royal Irish Rifles
  19 november 1915
  Age 17

- Pte T. Lyall   I – E – 2
  20th Bn Durham Light Infantry
  3 juni 1916
  Age 17

De oudste (45) is
- Pte S. Dean   I – B – 10
  6th Bn King's Own Scottish Borderers
  10 februari 1916
  Age 45

- 2nd Lt James Edward Power-Clutterbuck
                                          IX – I - 7
  52 Squadron Royal Field Artillery
  25 juni 1917
  Age 23
Edward was de zoon van chirurg-majoor E.R. Power-Clutterbuck, en was slechts drie weken piloot, toen hij de 56e "Abschuss" werd van de legendarische Rode Baron. Hij nam dienst op 29 januari 1915, werd gewond in Gallipoli en op het Westelijk front en vroeg zijn transfer naar het Royal Flying Corps.

- Every day is one day nearer to our loved one
  gone before.
  Age 20
-Never a day do we forget you.
  In our hearts beloved
  You are always near
  Wife and son. Age 28
- Why seek ye the living among the dead?

- Pte W. Swift   II – H – 10
  2nd/4th Bn Loyal
   North Lancashire Regiment
  9 juni 1917
  Age 28

Swift werd bij een luchtaanval gedood. Van 1908 tot en met 1910 was hij bokskampioen van East-Lancashire in de welterklasse.

- Though laid to rest by seas apart
   Mother won't forget
- Rest noble son for deeds bravely done

De architect van Tancrez Farm Cemetery, was W.H. Cowlishaw.

Toronto Avenue Cemetery, Ploegsteert

Toronto Avenue Cemetery ligt in het noordoosteinde van het Ploegsteertbos. Een nabijgelegen wandelpad werd "Toronto Avenue" gedoopt. Quebec Avenue lag dichtbij. De 9ᵉ Brigade van de 3ᵉ Australische divisie heeft hier 78 gesneuvelde soldaten bij de inname van Mesen op 7 juni 1917. Allemaal "diggers".Onder hen één kapitein Francis Joseph Pigott (eind rij C) en één luitenant, Charles Henry Alexander (33) A - 15

Pte Cecil Sharp Wise (18) is de jongste C – 11. De twee oudsten werden 40 :
- Pte Godfrey Allison   A – 28
- Cpl John Hassall   A - 25
(Ondanks de Canadese naam liggen hier uitsluitend Australiërs begraven)

- Our Hero son
   Ever remembered
   Nearer my God to thee
   Every rising sun will set.
   But our dear son
   we will never forget.

De architect van Toronto Avenue Cemetery was Major G.H. Goldsmith

Underhill Farm Cemetery, Ploegsteert

Underhill Farm en een gebouw dichtbij werd door de Britse legerleiding Red Lodge genaamd omdat ze waren opgetrokken in de rode bakstenen. Het waren verbandplaatsen of "dressing stations".

De begraafplaats werd dicht bij de hofstede begonnen in juni 1917 en gebruikt tot januari 1918. Het viel bij de Kemmelslag in Duitse handen in de lente van 1918 en werd dan opnieuw door de Britten gebruikt in september en oktober.

Het aantal graven bedraagt 190 : 103 slachtoffers uit het Verenigd Koninkrijk, waaronder 9 onbekenden, 47 Australiërs, 1 Canadees en 39 Nieuw-Zeelanders.

Van drie Australiërs en 2 soldaten uit de U.K. is hun precieze begraafplaats niet gekend. In de voorlaatste rij (C) liggen 3 Maori uit Nieuw-Zeeland begraven. Er zijn tien negentienjarigen en vijf achttienjarigen :
- Pte R.J. Davies   D – 46
  11th Bn East Lancashire Regiment
  28 september 1918
  Age 18

- Pte Donald McKillop   C – 24
  48th Bn Australian Infantry – A.I.F.
  15 juli 1917
  Age 18

- Pte David Padlie   C – 26
  N.Z. Maori (Pioneer) Bn
  6 augustus 1917
  Age 18

- Rifleman Stanley Sargent   A – 16
  1st Bn 3rd N.Z. Rifle Brig.
  7 juni 1917
  Age 18

- Pte J. Windross   D – 19
  15th Bn West Yorkshire Regt.
  (Prince of Wale's Own)
  29 september 1918

De twee oudsten zijn :
- Pte Alfred Morris   CD steen
  1st Bn Worcestershire Regt.
  31 augustus 1917
  Age 41
en
- Pte Francis O'Reilly   A 27
  1st Bn Wellington Regiment N.Z.E.F.
  23 juli 1917
  Age 42
Als officieren liggen hier begraven zes 2nd Lts
en twee Lt

- Reunion is our hope.
- The pure of heart shall see God
- Peace perfect peace with loved ones far away

De architect van Underhill Farm Cemetery was Major G.H. Goldsmith.

In de kerk van Houtem ligt Friedrich Melzer van het Duitse 182^e I.R. begraven. Hij sneuvelde er de 14^e februari 1916 en kreeg zijn graf tegen de muur van de kerk. De nieuwe herbouwde kerk werd merkelijk verruimd, zodat het graf 'intra muros' werd. Op 29 mei 1980 werd door de "Comense genootschap voor geschiedenis" voor Dietrich Melzer een nieuw kruis ter herinnering aan de buitenmuur van de kerk geplaatst.

Underhill Farm Cemetery, Ploegsteert